熊野維人
熊野以素

五〇〇年の中流

―公文書でたどる出雲国人熊野氏の流転―

清風堂書店

五〇〇年の中流　公文書でたどる出雲国人熊野氏の流転

目次

第一章　出雲熊野氏の興亡

当家は出雲熊野の出身であるとされている。まずは出雲熊野氏の興亡を見ていくことにする。

一　熊野城

熊野城があった場所は、奈良時代出雲国意宇郡大草郷の一部、八雲村域である。当時は、一つの郷を形成し得ない程人口希薄であった（一郷一二五〇人程度）。しかし当地域には熊野大社、久米社など八つの社があったと中央神祇官台帳に登録され、国社を含め一六社が存在していた。このことは村域の各地に人々が村

熊野城址の看板と著者

落を形成し地域神を奉祭していたことを物語る。

島根県史によれば、鎌倉時代（正確な成立年代は不明）熊野大社と深い関係にある荘園として熊野庄があったとされている。

室町時代になると月山富田城（以下、富田城）が守護の居城となった為、この八雲地域が交通上軍事上の重要な地点となる。

熊野城址は松江市八雲町熊野に現存する。曲輪跡も確認されており典型的な山城である。一五〇〇年頃築造されたものとみられる。

八雲地域は守護京極氏、戦国大名尼子氏の出雲支配の時期、出雲中西部と富田城を結ぶ幹線ルートの中にすっぽりと入る。尼子時代、富田城防衛体制の一環として、尼子十旗とよばれる城塞があった。出雲国内の有力国人領主十人の居城で、

当時の面影を残す熊野城下

尼子十旗の位置関係

第一・白鹿城、第二・三沢城、第三・三刀屋城、第四・赤穴城、第五・牛尾城、第六・高瀬城、第七・神西城、第八・熊野城、第九・真木城、第十・大西城である。駒返峠から岩坂、熊野を通って大東へ出るルート上に熊野城、牛尾城が存在することはこのルートの軍事的重要性を物語っている。

熊野氏の出自（伝承）

一三三三年（元弘三）鎌倉幕府が滅亡。鎌倉に居住していた都良香の子孫、都三兄弟が西国に下った。一人は厳島神社に入り、一人は豊後の国に入った。もう一人が出雲の国に入り、やがては尼子氏に仕えて熊野城に居住して熊野氏と称した。

都良香（八三四—八七九）とは、平安時代の漢詩人、漢学者で詩文に秀でて名声高く文章博士となった人物である。従五位、朝臣、立派な体格で腕力も強く、陰陽師ともいわれ菅原道真の先生とも伝えられる。

二　戦国時代の熊野氏

大内氏と尼子氏

一四六七年（応仁元）に起こった応仁の乱は、一〇年の長きにわたって戦われ、一四七七年（文明九）に終わり、諸将の多くはそれぞれの国に帰国する。この後は群雄割拠の戦国大名の分国支配の時代に突入していく。

中国地方では、長門周防の守護であった大内義弘が応仁の乱でも活躍し、中国一の実力者であった。やがて出雲の守護京極氏の守護代であった尼子氏が権力を握り、台頭して大内氏に対抗するようになる。一四八四年（文明一六）尼子経久は富田城を追放になるが、わずか二年後に奇策を用い寡兵で富田城を取り返した。以後国人（在地の領主）衆を巧みに統率し勢力を築いていく。この時期には、熊野城の存在が資料で確認できるので、熊野氏は有力な国人領主となり経久に従っていたと考えられる。

尼子経久は次々と他国を攻略して勢力を伸ばし、一五二一年（大永元）には、山陰山陽一一ヶ国の太守となっている。

一方大内氏は義興から義隆に代が移り一五二八年（大永七）に全盛期をむかえて六ヶ国を支配している。

熊野兵庫介の登場

一五三二年（天文元）熊野兵庫介久家が熊野城主となり七万石を領した（ふるさと八雲意宇川物語「尼子氏を守った熊野城」）。七万石が正確かどうかわからないが、常時五、六百の兵を動員出来る力を持っていたのは事実である。久家こそ文献上確認できる初めての熊野姓の人物である。

毛利氏の成長と大内氏の滅亡

安芸吉田の庄の国人領主毛利氏は元就の代になり、大内、尼子の勢力のあいだで苦労しながら安芸国人衆をまとめあげ、しだいに実力を蓄えていた。

毛利元就は知勇兼備の名将であり国人領主から戦国大名に成長していく代表的な人物である。

一五三七年（天文六）元就は、服属していた尼子を見限り、大内方に付く。この頃尼子経久は老いて病床にあり、長男が戦死していたので当主には孫の晴久が就いていた。

一五四〇年（天文九）九月に尼子氏から出された『竹生島奉加帳』の中に出雲衆の一員として熊野兵庫助の名がある。

同年、晴久は経久の自重説をおしきり、離反した毛利元就を討伐するべく、三万の兵を率いて元就の居城郡山城に遠征する。しかし毛利軍の抵抗は厳しく対陣は五ヶ月におよび冬になる。大内も援軍として陶晴賢を派遣、翌一月ついに尼子軍は敗北し、尼子軍唯一の知恵者といわれた大叔父・尼子下野守も戦死する。『陰徳太平記』によればこの撤退戦のさなかに熊野久家と次郎の名があり、殿軍を務めて久家は武名を上げている。

この敗戦によって勢いを失った尼子を一気に滅ぼさんと大内義隆は、一五四二年（天文一一）一月尼子討滅の軍を起こし、富田城に迫るも敗退。翌年五月に総退却する。この撤退時、息子を失った義隆は以降政治に興味を失い、一五五一年（天文二〇）陶晴賢の謀反によって殺害され、名門大内氏は滅亡してしまう。

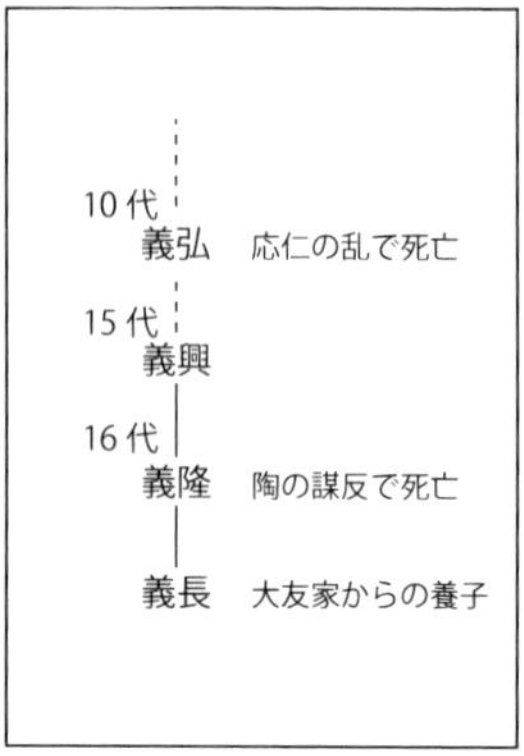

大内家系譜

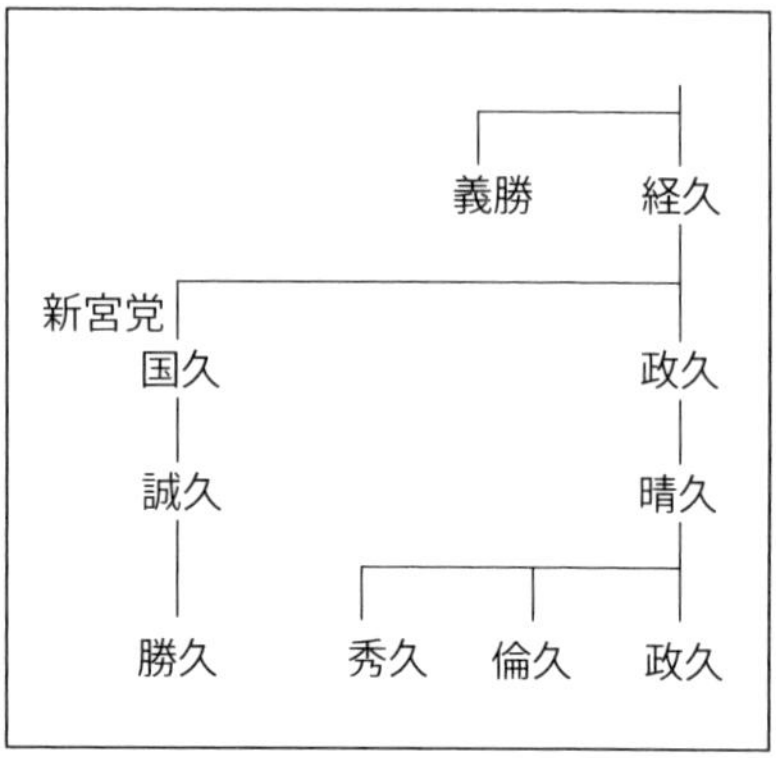

尼子家系譜

『根元録』によれば、大内義隆が熊野城近くの高津場山曹泉寺に本陣を置いたとき、覚雲法印が馬一〇頭を献上したことに尼子晴久が怒り、熊野久家、熊野兵庫助久忠に曹泉寺本坊を焼き打ちさせたとの記述がある。

毛利元就は安芸を統一すると共に、山陰、山陽の名門吉川、小早川に次男・元春、三男・隆景を送り込み毛利一門とし、いわゆる毛利両川体制を整え陶晴賢の侵攻に備えていた。

元就は一五五五年（天文二四）攻め寄せた陶晴賢を厳島におびきよせ、これを破り、敗死させる。これにより周防長門をも手中にした元就はついに中国路第一の戦国大名の地位を手に入れる。

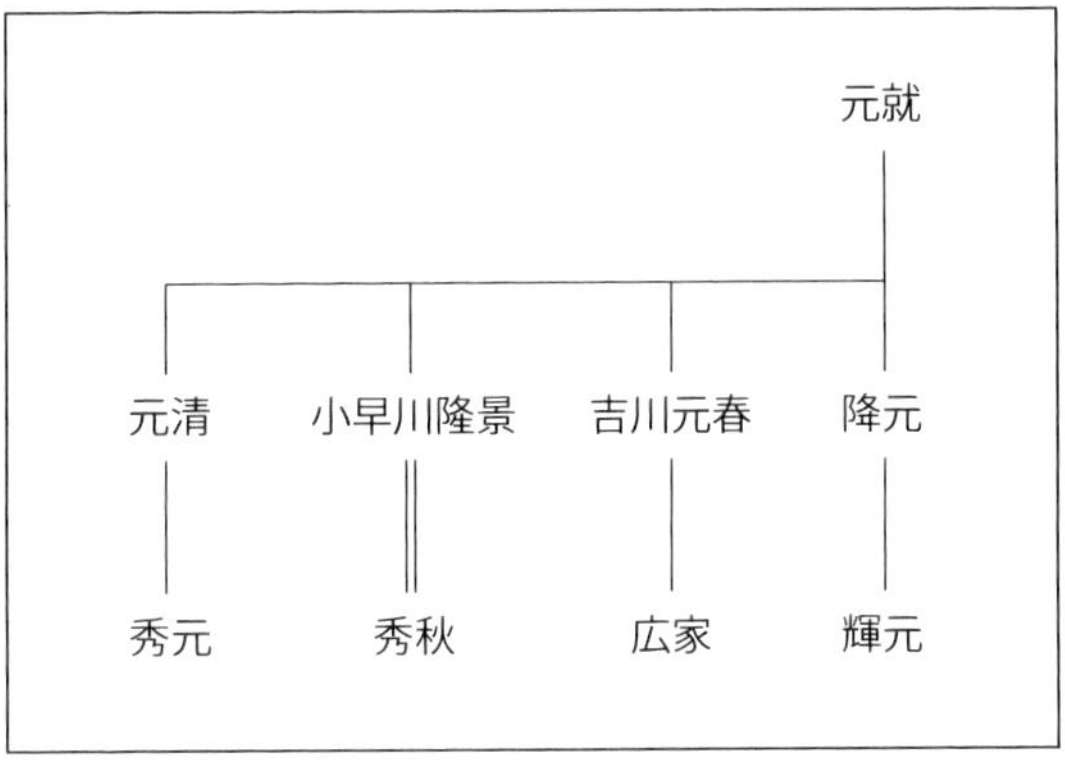

毛利一門家系譜

尼子氏の危機

時を少し戻って一五五三年（天文二二）尼子の盛衰に係わる重大事件が起こる。

大内義隆の侵攻を退けて二年間、富田にも平穏な日々が流れているように見えた。尼子晴久は連歌師谷宗義を招き千句を興行し杵築神社法集として俳諧を奉納。熊野備前守久家も谷を館に招いて千句を興行している。

この時期には、久家は隠居して息子の久忠に城主の地位を譲っていたと思われる。

突然、重大事件が起こる。晴久が新宮党に謀反の疑いありと一族郎党を殲滅してしまうのである。新宮党とは伯父尼子国久の一族軍団をいう。新宮党は尼子軍の中核的存在であり、国久一族を殺したことは尼子の手足をもぎ取る結果となった。国久に謀反の事実があったかは判然とせず、毛利元就の謀略であったという説が有力である。

一五六〇年（永禄三年）尼子晴久は病死し、尼子義久が当主となる。

一五六二年（永禄五）六月、尼子方の石見銀山矢吹城主・本城常光が毛利方に寝返り、七月毛利元就は石見路を通って出雲赤穴に進出する。有力な出雲国人は毛利の威風になびき、熊野兵庫助久忠も同様の行動をする。しかし一一月元就が本城常光を「信ずるに足らず」と謀殺すると、一度は毛利に屈した出雲国人たちは動揺し、多くが再び尼子方に復帰する。熊野久忠も不安を感じて尼子に復帰する。

三刀屋の戦い

一二月、徐々に尼子本城に向かって軍を進めた元就は洗合に本陣を置き、白鹿城の攻略にかかる。この毛利軍の兵站線上にあるのが三刀屋城であった。三刀屋久祐は尼子に復帰することなく毛利陣営にとどまっていた。三刀屋城を奪取すれば毛利軍は苦境に陥ると見抜いた熊野西阿入道（久家の出家名）は出陣を主張、二千余騎を率いて三刀屋を攻めた。終日の戦いで疲労した尼子勢は野営すべく引上げにかかったところを、三刀屋勢が急襲、軍を立て直さんとした熊野西阿は八畦の丘で奮戦むなしく討ち死にしてしまう。現在も討ち死にの場所に古碑が建っている。

富田城包囲

一五六三年（永禄六年）毛利元就の長男隆元が尼子攻めに参陣途中急死する不幸にもめげず、八月毛利軍は白鹿城総攻撃を開始する。熊野兵庫助久忠はこの間度々出撃して毛利の兵站線を脅かす。元就は「熊野城を攻略するのが先決」と軍の主力を擁して八雲山に進出した。尼子義久も援軍として大西十兵衛を熊野城に派遣する。毛利軍は鉄砲を打ちかけ攻めかかるが、熊野勢も頑強に戦い撃退する。この戦いで熊野の勇者として知られた熊野和泉守が討ち死にする。和泉守は久忠の兄弟と考えられる。戦うこと三日、毛利軍は熊野城攻略をあきらめ撤退する。これを「鉄砲揃いの合戦」という。

九月、籠城戦を戦ってきた白鹿城も落城の危機がせまる。尼子義久はこれを救援せんと一万余の大軍を派遣するもあえなく壊滅してしまう。翌一〇月に白鹿城は落城、尼子勢は富田城に追い詰められ籠城戦に入る。熊野久忠も富田城に入り籠城する。

一五六四年（永禄七年）富田城を包囲して兵糧攻めをしていた毛利は四月一八日、本営を星上山に移し富田城攻撃の火ぶたを切る。攻め手の毛利側は御子守口・毛利元就、輝元（初陣）、菅谷口・小早川隆景、塩谷口・吉川元春、元長親子のベストメンバー。対する尼子側は御子守口に大将尼子義久、菅谷口・尼子秀久、塩谷口・尼子倫久が指揮を執り、熊野久忠は御子守口の義久と共に防戦した。富田城は難攻不落の名城で一気に勝負はつかない。元就は一計を案じて包囲を続ける傍ら城からの退却路をあけ、逃亡するものは追わなかった

一方富田城内では兵糧不足が深刻になり、また宿老と近臣との対立が生じ、重臣宇山久信が近習に殺害されるなど疑心暗鬼がはびこり、有力家臣が相次いで城を去り毛利に降っていった。

年が明けた一月一一日熊野久忠も富田城を退去。毛利元就に降り、熊野城への帰城を許された。

熊野城の新城主

降伏した久忠に対して元就から、いかなる処断がくだされたのだろうか。熊野の領地の一部が召し上げられ三刀屋久祐に恩賞として与えられたのは歴史的事実であるが、と同時に城主が交代して熊野兵庫助元親が熊野の領主となっている。最後まで敵対して散々に毛利を悩ませた久忠をそのままにはしておけなかったと推察される。この処置により熊野氏は本領を安堵され毛利氏に従うこととなった。おそらく元親の元は元就の元をいただいたものであろう。

この年七月元親は二通の寄進状をだしている。熊野権現（上の宮）へ平原村の地を、伊勢太神宮（下の宮）に忌部下村の地を寄進する内容である。島根県史の執筆者は寄進状以外に元親の名前が文献に現れないことをもって、元親は久忠と同一人物と推測されているが、花押も残されており、元親と久忠は別人であったと考えるのが妥当である。久忠との親族関係は不明であるが長男と考えるのが自然である。

ここで筆者の仮説を述べる。熊野久忠本家の家譜に三代目当主・右京進という人物があり、秀吉の島津攻めの時に戦死したと伝わるが、年代が合わないので立

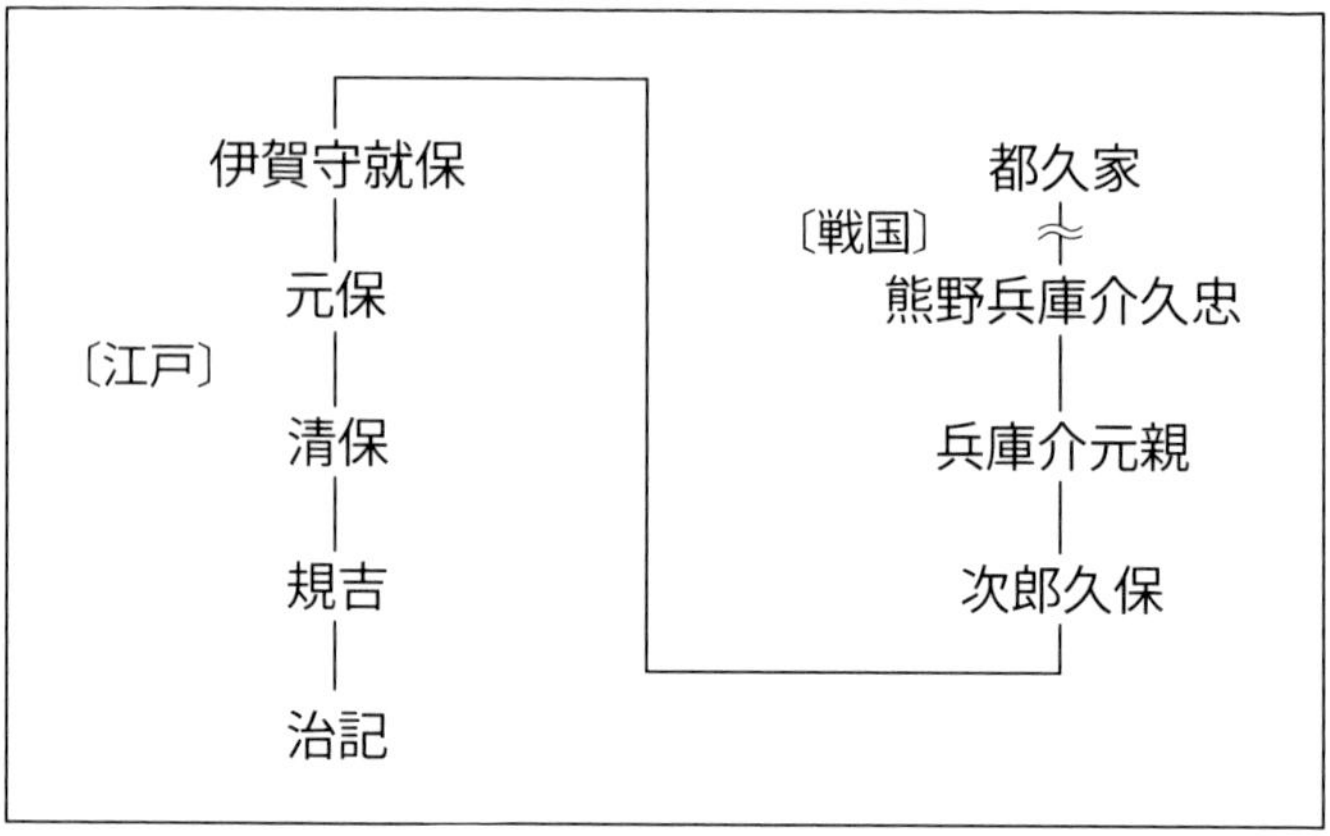

熊野本家　家譜

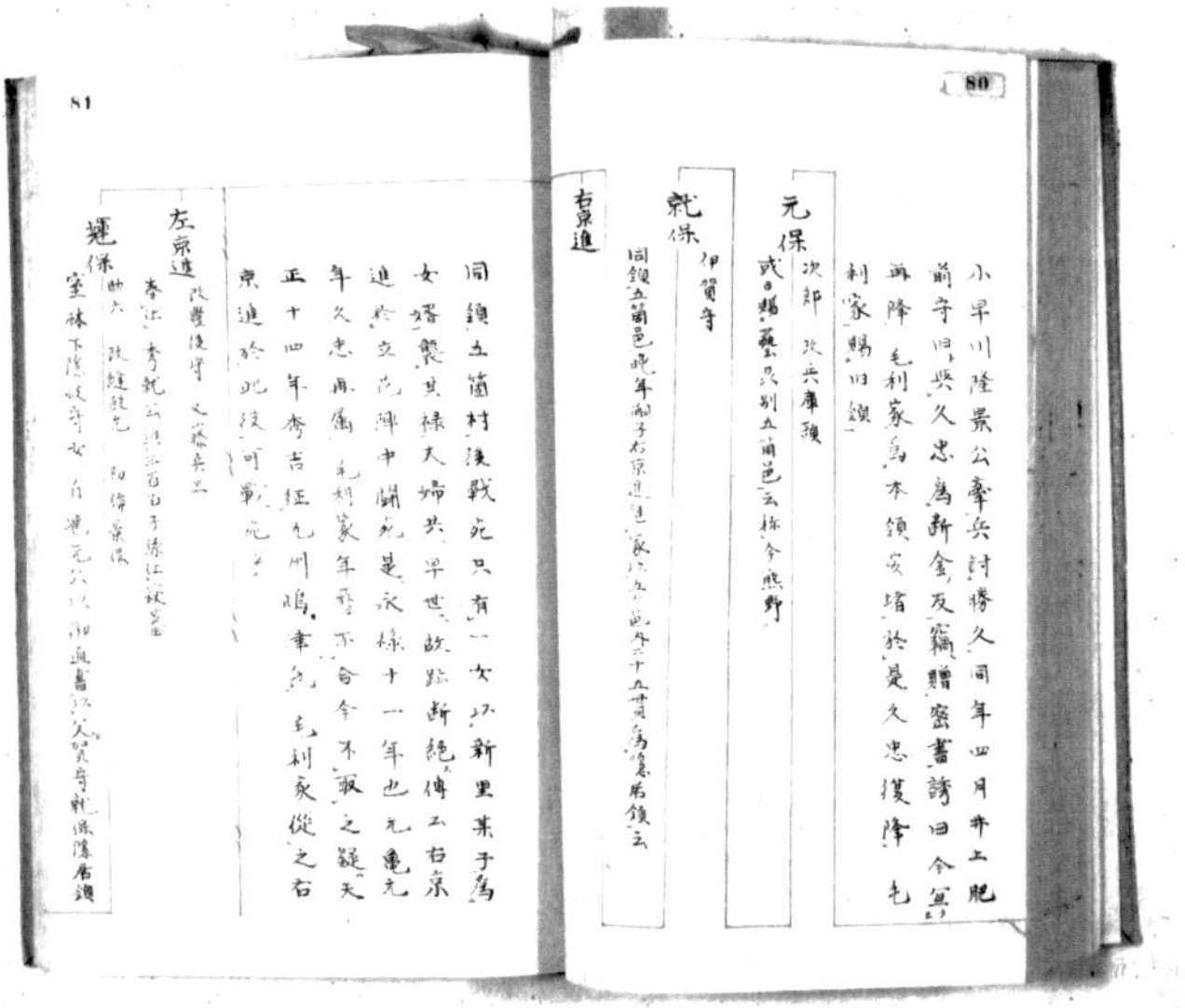

熊野久忠本家の家譜　中央に右京進の名がある

花城の戦いの間違いではないかとの記述がある。右京進という名が久忠家系で特異であり、立花城の戦い一五六八年（永禄一一）の時期に跡を継いで当主となっていた元親が右京進に当たり、その事績が形を変えて伝わったのだと考えると、すっきりする。久忠が元親の死後、事実上の熊野城主に復帰するので、在位一年僅かの元親の名は忘れられ「当主戦死」の記憶だけが残ったのであろう。久家―久忠と数えれば三代目と考えられる。

尼子氏滅亡

さて、兵糧もなく兵も少ない富田城の落城は時間の問題であった。

一五六六年（永禄九）一一月尼子義久、倫久、秀久の助命を条件に富田城は開城して長い間出雲を中心に勢力を維持してきた戦国大名としての尼子氏は滅亡。のちに佐佐木姓を名乗り長州藩士として存続することになる。

義久たちは安芸に下向させられことになり、幾人かの国人が供をすることが許される。熊野城当主を退いて隠居の身であった熊野久忠も義久と共に安芸に下ることを元就に願い出るが許されない。杵築神社まで見送り、別れをつげた。

尼子再興の戦い

宿敵・尼子を倒し出雲を完全に手に入れた毛利元就は、東は因幡、備中、備後、備前まで勢力を伸ばし、今や西国一の戦国大名に成長し西は筑前、豊前で大友義鎮と対立する。

一五六八年（永禄一一）筑前立花城攻略のため九州遠征軍を編成、石見、出雲等山陰路の国人領主たちにも動員令が下る。高瀬、熊野、三刀屋、三沢等の主要なる地点の城将は皆、出征する。熊野城主熊野兵庫助元親も兵を率いて出陣した。留守を預かるのは隠居とはいえ百戦錬磨の実力者久忠であった。

四月に伊予平定を終えた吉川元春、小早川隆景も休む間もなく六月には着陣して大友軍との間に激戦が繰り広げられる。九月には立花城攻めが始まるが大友も大軍を送り毛利も苦戦を強いられる。

翌一九六九年（永禄一二）四月ついに立花城は開城するが大友義鎮は兵を引かない。筑前の戦いが膠着状態に陥っていた六月、山中鹿之助、立原久綱が尼子国久の孫の勝久を奉じて島根半島美保関に上陸、尼子再興の烽火を上げた。

するとたちまち尼子の旧臣が集まり三千余りの勢力となる。富田城は天野隆重が城代として守護していたが三百の兵力しかなかった。

この報を聞いた小早川隆景は、富田城救援のため高瀬城主米原綱寛、三沢城主三沢為清、隆重の子天野武弘、坂六郎などを帰還させる。地理的に言って帰還しているべき熊野の名はない。先に述べたように熊野兵庫助元親は立花城攻防戦の中で討ち死にしていたと推察されるからである。

元親戦死の報は直ちに熊野城の留守を預かっていた久忠に伝えられたであろう。出陣中の熊野勢が帰還を許されたかは定かではない。久忠には尼子氏再興を目指す尼子勝久から尼子への帰参の誘いがあった。旧主家への恩愛は絶ちがたいうえに、元就から隠居を強制され、あとを継いだ元親も毛利の陣中でうしなった。久忠は勝久に味方しようと決断をした。

一〇月には大内輝弘が大友の援助で防州秋穂浦に上陸、山口まで進撃する。この事態に危機感を抱いた元就は戦線縮小を決断、筑前での大友との戦いを休止して和平を結ぶ。吉川元春に大内輝弘を壊滅させ後顧の憂いをなくし、一五七〇年(元亀元)嫡孫輝元を総大将、吉川・小早川を補佐役として一万三千騎を出雲に派遣、尼子再興軍に対するため赤穴城に着陣させた。

毛利軍は三刀屋の多久和城を攻略、近隣の国人は相次いで毛利輝元に降る。毛利軍の主力は富田城のある広瀬の西日田に進んだ。富田城を攻めていた尼子勝久軍は毛利軍を富田の南方で迎え撃つこととした。両軍は広瀬の布部で激突した。この戦いに熊野久忠も参戦したが、尼子軍は総崩れとなって敗北。久忠は熊野城に引き上げ立て籠った。山中鹿之助も末次城に逃げ帰った。

毛利軍は富田城に入城し、直ちに敵追撃に移った。まず熊野城の熊野久忠に降伏を求めたが、久忠はこれを拒否した。たとえ降伏しても二度も裏切った自分が許されるはずはないと思ったのであろう。

熊野城落城

毛利輝元は熊野を討つべく日吉に軍を勧めたが、尼子勝久が救援に赴く恐れがあり、これを阻止するために白潟（宍道湖の沿岸）に進み、側面から末次城を攻めた。尼子軍は城を捨て新山城に退却した。

後顧の憂いを除いた毛利軍は三月一〇日に熊野城攻撃を開始したが、熊野久忠の守りは固く攻め落とせなかった、毛利軍は城の麓の田畑を踏み荒らし八雲山に兵を配して熊野城を見張らせた。

四月、輝元は熊野城をそのままにして小早川・吉川を引き連れ牛尾城を攻めた。同月一七日牛尾城は落ちた。吉川文書によれば牛尾城攻略戦で熊野姓の数人が手柄を立てているので、元親の遠征部隊は毛利軍に組み込まれ先鋒を命じられていた可能性が大である。熊野軍も分裂していたのである。毛利軍は次々と尼子方の城を落とし、尼子勝久に味方した国人領主たちも次々と毛利軍に降った。

三月以来毛利軍の包囲下にある熊野城は兵糧もつき、山中鹿之助からの兵糧輸送も失敗した。『陰徳太平記』によれば、窮地に立つ久忠に旧友である毛利の将・井上肥前守が密書を送ったとされる。

「今、毛利氏に降れば本領は安堵される。頼りない尼子家にくみすることは愚の骨頂である。『侍はわたりもの』という言葉があるではないか、今こそ降参して妻子眷属に安楽なくらしをさせるのがよかろう」と。久忠もなるほどと思い城を明け渡して退去した。

こうして熊野城は落城した。久忠は帰城を許されず、次男元保に芸州別府五箇村が与えられた。熊野城には毛利家の将・天野隆重が入り、富田城は元就の五男毛利元秋が入った。しかし一五八八年に元秋は死去したため元就の八男元康が城主となる。この時、熊野如鑑なる人物が元康付きとして出仕していることが毛利家文書に残っている。

なお一五九一年（天正一九）には吉川広家が富田城主となり、関ヶ原の戦いで毛利家が防長二国に押し込められるまで在城した。

久忠の一生は「寝返り御免」と批判されるかしれないが、大国に挟まれて生き延びねばならぬ国人＝地方領主の苦渋の選択に違いない。久忠は一族を率いて安芸に下った。

毛利氏は元就の孫輝元を盟主に山陽路を小早川隆景、山陰路を吉川元春が担当する基本的な戦略で戦国時代を戦っていく。毛利に従った熊野一族もその都度小早川や吉川の指揮下に入り各地を転戦していく。

ここで久忠の直系出雲熊野氏の本家と考えられる熊野治記の家を簡単に触れておく。

熊野兵庫助久忠は降伏後、その子・次郎元保と共に毛利家に仕えた。元保の孫輝保が、毛利元清によって大夫に列せられ、朝鮮の役で手柄を立て赤間関飯山城を預かるまでに出世する。子孫は代々長府毛利家に仕えた。大仏次郎著『天皇の世紀』に長府藩の熊野某が四国艦隊の下関砲撃に際して伝令を務めたとある。

後年この家は長府藩士と萩藩士の二家に分かれた。

第二章　五通の判物

一　当家初代・熊野親信と五通の判物

この章は当家の系図、残された古文書と一八二一年（文政四）に長州藩に提出された『藩中略譜』（山口文書館）に基づいて記述する。

戦国武将・親信と信光

当家初代熊野親信は一五五三年（天文二二）戦国時代の真っただ中に生まれ、一六二四年（寛永元年）七〇歳で死去した。幼名権次郎、その後八郎、藤右衛門、土佐之守、如慶等と名乗っている。出雲熊野の出身で熊野一族の一員であるが父母とも不明であり、その祖先はたどれない。

考えられるのは一五六五年（永禄八）熊野権現、伊勢大神宮に寄進状を残している熊野兵庫介元親の系統か。これは「親」という字が共通であるので可能性があると思われる。一方、富田城領主となった毛利元康に起請文を提出している熊野如鑑の一族という大阪市立博物館の示唆もある。ただ、入道名であるので似ているだけかもしれない。どちらにしても推測であり根拠の文書はない。

熊野城落城の一五七〇年（元亀元）熊野親信は一七歳。元服し八郎と名乗っていた。

毛利に従った熊野一族は吉川元春、小早川隆景の両川に指揮されて各地の闘いに参戦している。この間、若き八郎・親信も戦場往来の武将に逞しく成長していったと思われる。

毛利元就が死去した一五七一年（元亀二）親信の長男信光が生まれている。

当家には五通の判物が残されている

（判物一）尼子勝久最後の地となる上月城の戦いを前にして小早川隆景は諸城に指令書を送り開戦に備えるよう指令しているが、親信も長野右衛門太夫とともにこれを受け取っている。毛利氏のために城を預かっていたことが窺える。

（判物二）天正一五年毛利輝元は親信に受領免許状を与え土佐守に任じた。

（判物三）同一八年親信の息子権次郎にも市兵衛尉の仮名書き出しを与える。

（判物四）さらに文禄三年加冠状も与えた。

（判物五）慶長五年と推測されるが吉川広家は家督を息子に譲って入道し如慶と号している親信に歳暮の挨拶への礼状を送っている。


親信の戦国武将としての働きぶりの一環は小早川隆景の書状が物語る。

一　小早川隆景書状

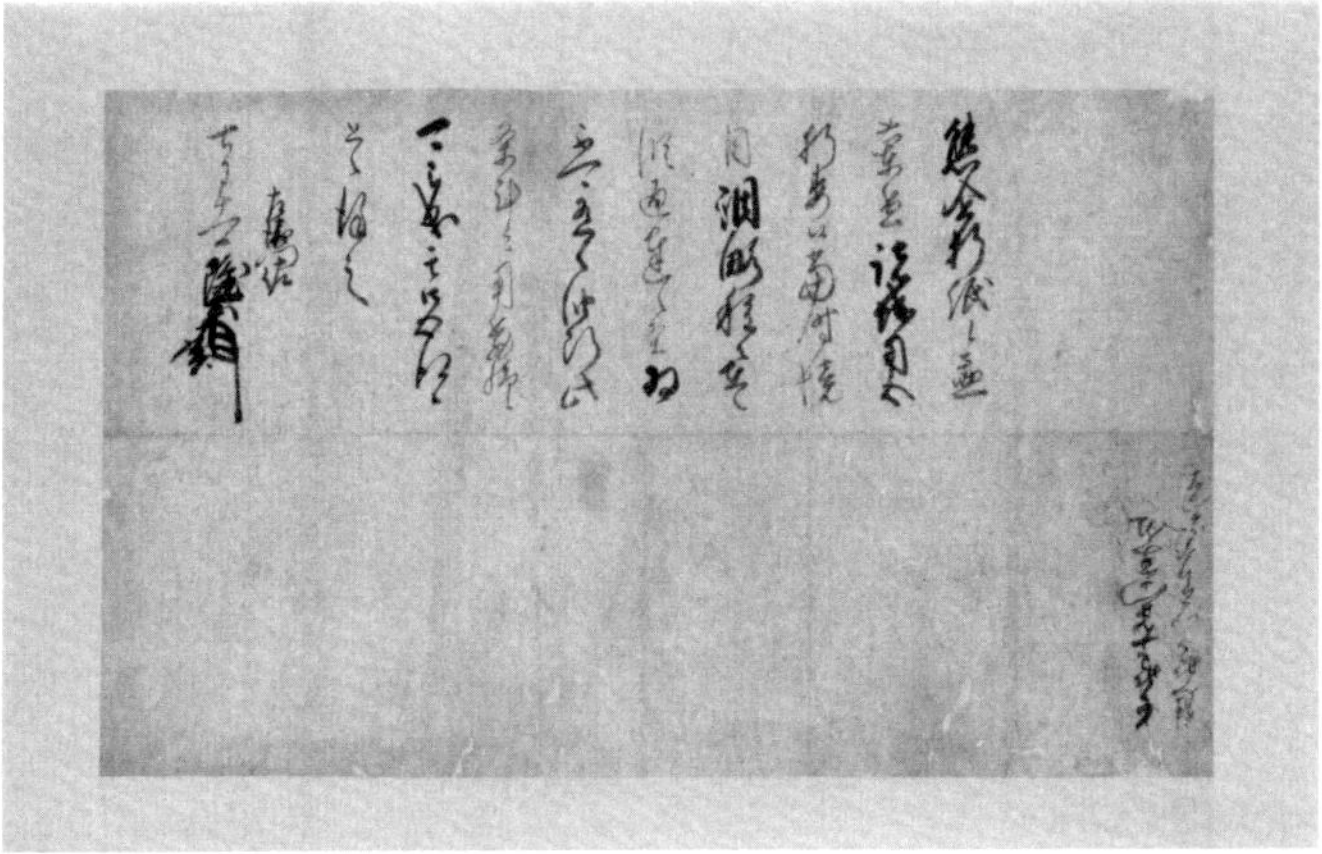

熊企折紙候兼
葷□諸城用心
肝要候當時境
目調略程ニ在之
段通達之条為
不可有御油断此
条計ニ用飛脚候
可被成其御心得候
恐々謹言
左衛門佐
七月十一日隆景（花押）
長野右衛門大夫殿
熊野八郎殿
御□所

（一）書状の書かれた年度は欠落しているが七月一一日の日付が記されている。尼子勝久が最後にこもった上月城攻略の決行を通達したものではないかと比定される。内容は某城（名前が記されていない）の守将を努めている長野右衛門大夫と熊野八郎あてに「愈々攻撃を開始するので軍監と諸城の十分な警戒」を求めている。

上月城は毛利の最前線であったが、信長の意を受けた羽柴秀吉が一五七七年（天正五）に奪い取り、尼子勝久と山中鹿之助を守将として守らせていたのである。翌年四月毛利は三万の軍勢で包囲、奪還を計った。秀吉は毛利との決戦を挑むつもりであったが三木の別所長治の寝返りがあり、信長の命により上月城を見捨てて軍を返さざるを得なかった。このため上月城は落城、勝久は自刃して果てたというのがこの時の歴史である。

この頃、親信は二〇代半ば、国人出身の武将として信頼される地位にいたと思われる。

二　毛利輝元受領免許状

受領　土佐守

天正十五年三月九日

輝元（花押）

熊野藤右衛門殿

（二）秀吉が九州平定を成し遂げた一五八七年（天正一五）三月九日、毛利輝元から熊野藤右衛門宛てに「受領免許状」が与えられている。輝元が親信を「土佐の守」に任じたのである。親信三四歳の働き盛り、戦場往来の強者になっていたであろう。

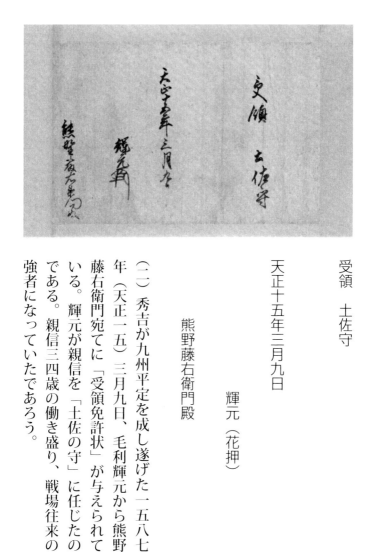

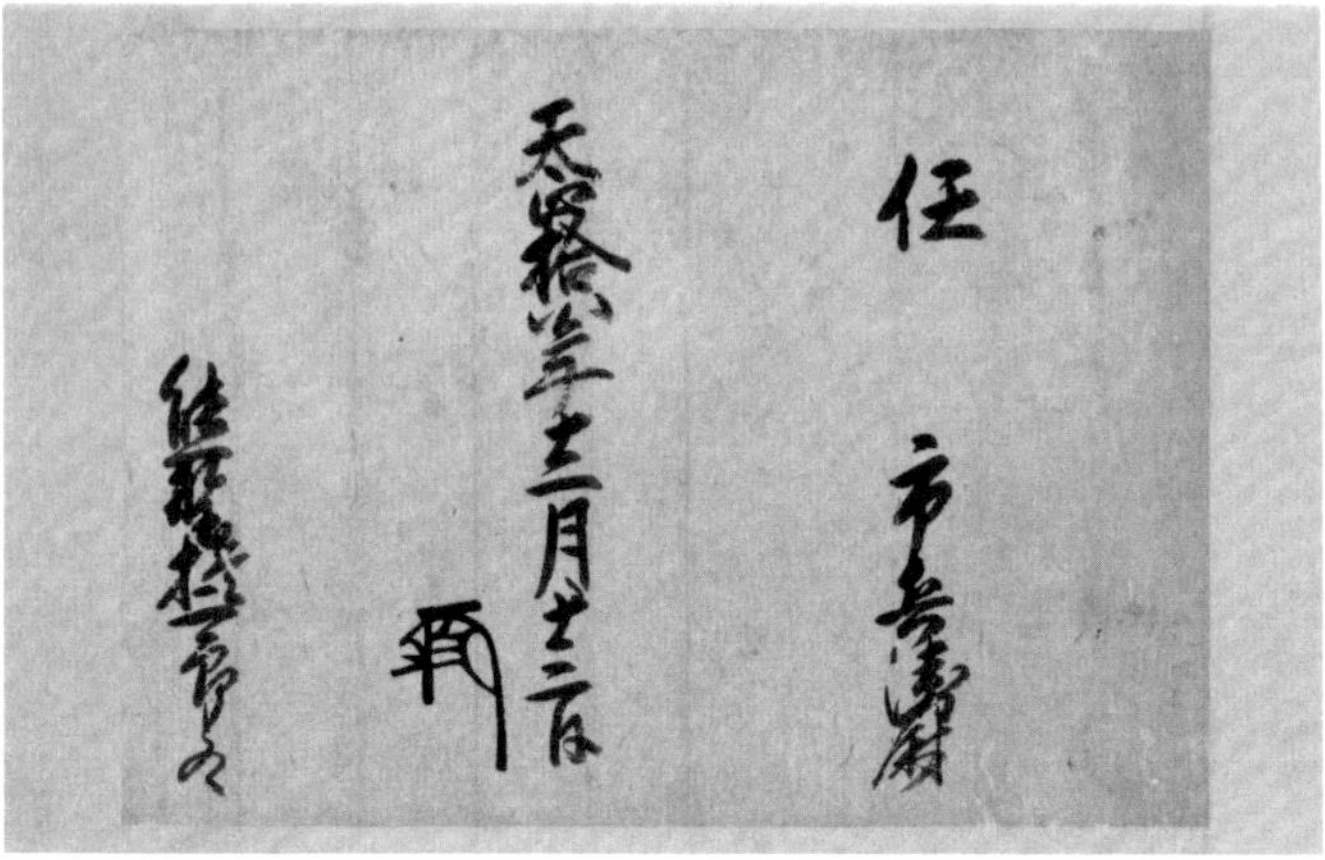

三　毛利輝元仮名書出

任　市兵衛尉

天正拾八年十二月十三日
（毛利輝元花押）

熊野権二郎とのへ

（三）続いて秀吉が小田原城攻略により全国平定を成し遂げた一五九〇年（天正一八）一二月一三日の日付で輝元によって親信の息子熊野権次郎宛てに仮名書き出し「市兵衛尉」が与えられている。親信三七歳信光一八歳、親子で戦にでていたのであろう。

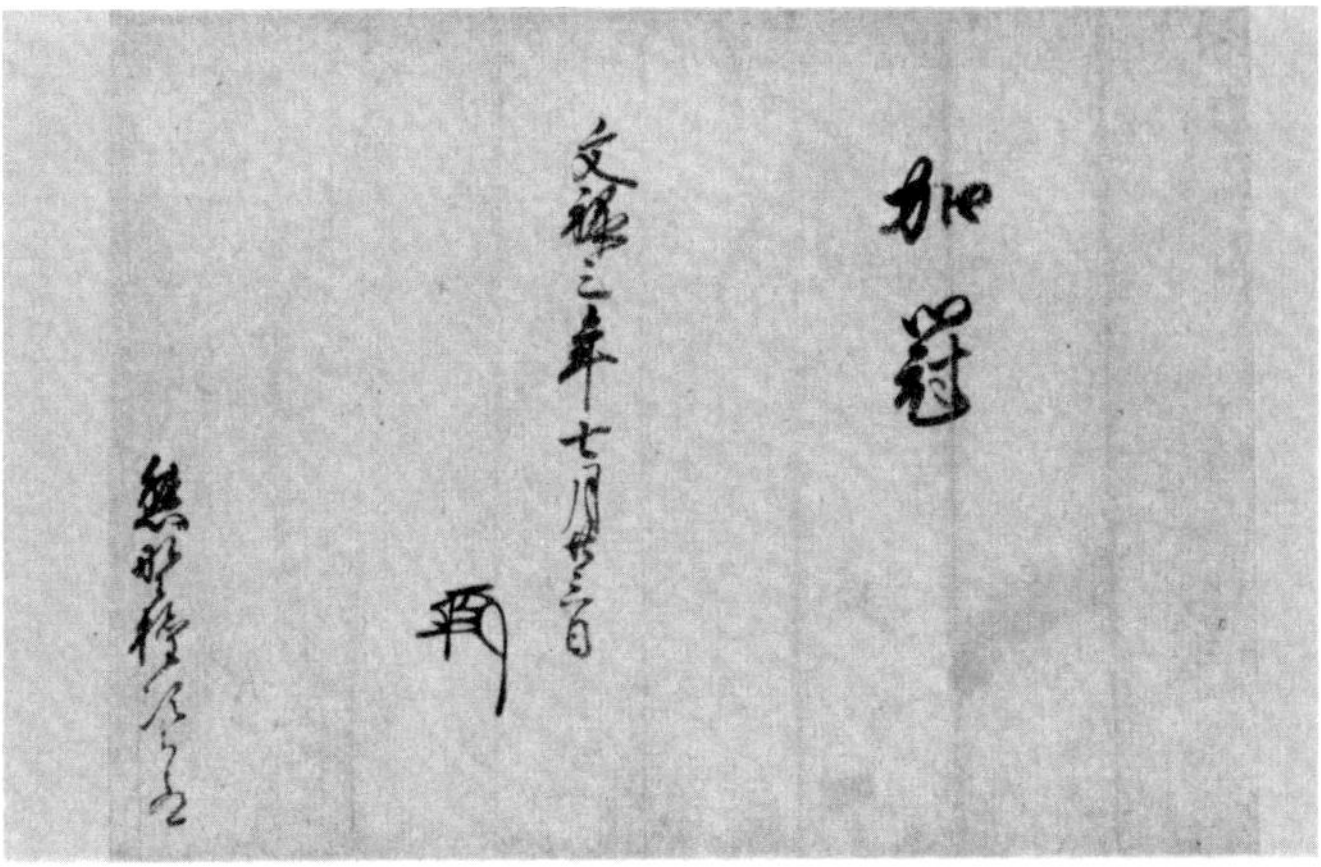
加冠
文禄三年七月廿三日（花押）
熊野権二郎とのへ

四　毛利輝元加冠状

加冠
文禄三年七月廿三日
（毛利輝元花押）
熊野権二郎とのへ

（四）一五九四年（文禄三年）七月二三日、熊野権次郎宛てに「加冠状」が輝元から交付されている。信光は二二歳となり、文禄の役で朝鮮半島に渡り、何らかの功があったものと思われる。親信は四一歳となり家の中心は信光に移りつつあった。

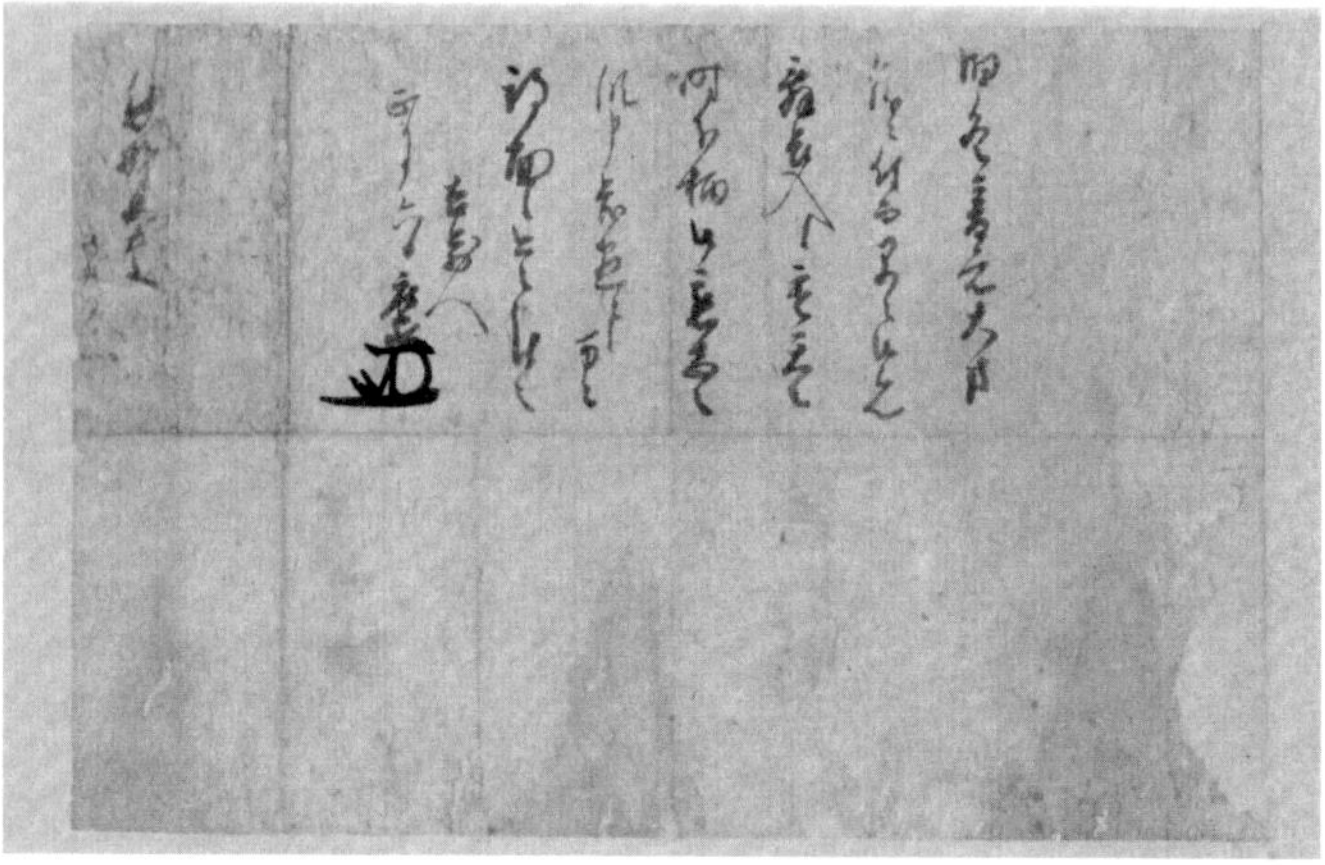

五　吉川廣家書状

旧冬ミ爰元大方
儀ニ付而早々御見
舞畏入候寒天之
時分柄御懇志之
段申□盡□□万々
期面候恐々謹言

吉蔵人

正月六日　廣家（花押）

熊野如慶

御宿所

（五）一五九八年（慶長三）秀吉が死亡すると実力者徳川家康が天下奪取に動き出す。小早川隆景はこの前年に死去しており、輝元の政権も自由度が増している。この頃に出されたと思われる吉川広家の熊野如慶宛ての書状がある。この書状には日付がないが広家が「吉蔵人」の署名を用いているので一六〇〇年から一六〇六年前後のものと比定されている。内容は歳暮の礼状に過ぎないが、熊野如慶の宛名の位置から家臣に充てたものではなく相当な地位にある人物に充てたものだと専門家は説明する。親信は隠居し信光に家督を譲っていたが、広家にも一目置かれる存在であったと推測される。この頃吉川広家は月山富田城を拠点としており、毛利家の中では親家康であった。

二 関ケ原

一六〇〇年（慶長五）家康が上杉討伐に動くと石田三成が西国大名を騙らい挙兵した。毛利輝元は西軍の総大将に祭り上げられ大阪城に入った。やむなく毛利元保、吉川広家は西軍に加わり東軍の伏見城を攻め、三重の津城と転戦する。八

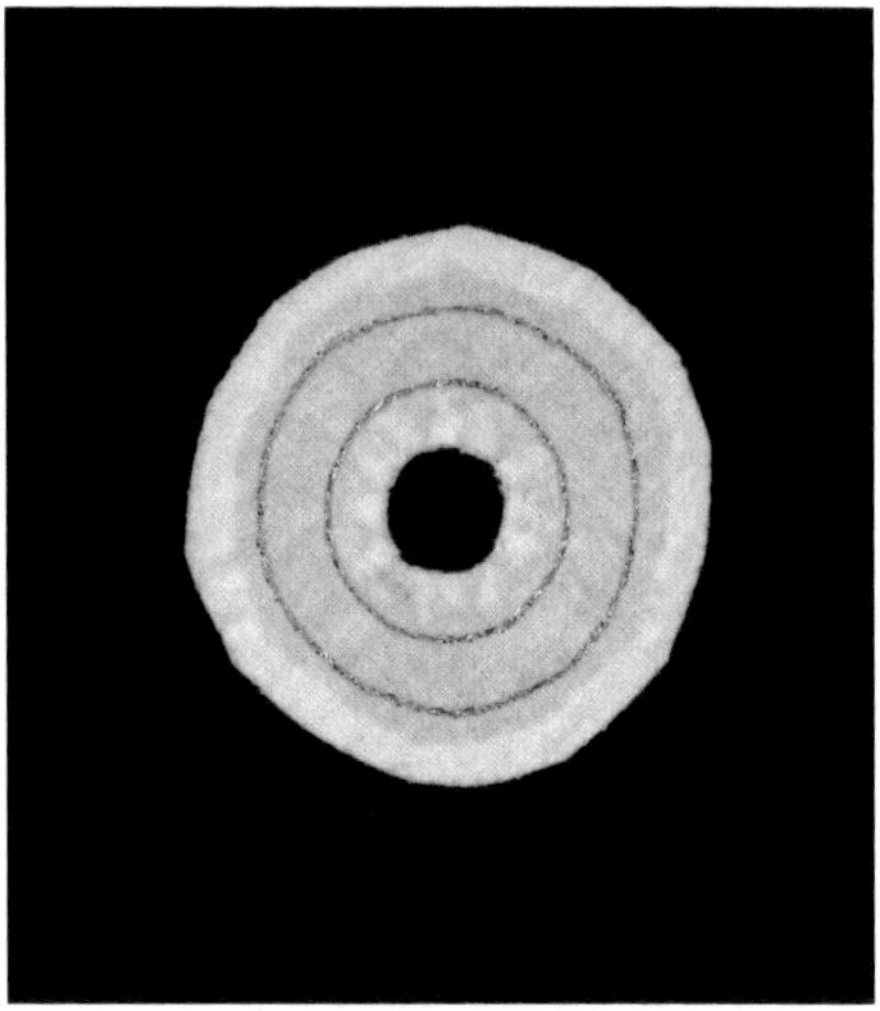

熊野家の紋所

月津城の戦いで本家筋の熊野兵庫介の戦死記録が吉川文書にあることから熊野信光も当然従軍していたと思われる。

九月両軍が集結して天下分け目といわれる関ケ原の合戦が行われた。吉川広家は家康と密約を交わし毛利家安泰領国安堵を条件に毛利元保共々兵を動かすことはなかった。しかし小早川秀秋の裏切りにより半日で関ケ原合戦は家康の勝利に終わった。

翌一六〇一年（慶長六）家康は戦後処理を行い西軍に加担した大名の領地を没収、大名領国の再編成をおこなった。積極的に戦わなかったとはいえ、毛利輝元は名目上西軍の大将とされていたから敗戦と同時に処分は免れない。吉川広家との密約は反故にされ、広家の必死の嘆願で本家断絶は避けられたが、中国一円（山陽―山陰）の領地を防長二国に狭められた。本城は日本海側の萩に築かれることになった。のちに本家は萩藩、分家は長府藩、徳山藩、岩国藩等とよばれる支藩体制となった。全体として長州藩とよばれた。

八国一一二万石から二国二九万八千石余への減封であった。関ヶ原敗戦の翌年のことである。当然家臣や支配下の武士団の大量首切りが行なわれた。これにより毛利家臣たちは大リストラにみまわれることになった。毛利に残る者をくじ引きで選んだという話が残っているほどである。譜代の家臣団はなるべく温存するであろうが、外様の多くが退去を迫られたと考えられる。

三　親信の運命

毛利家の「藩中略譜」によれば、六代目常之が「親信は安芸の國にいて毛利に召し使われていたが暇を出されたといわれる。定かではないが」と記述している。親信の運命は次のように推測できる。

安芸の何処かに在地していた親信はもとはといえば尼子滅亡により毛利氏に帰

順した「外様」である。毛利減封にともないリストラされた。毛利氏の後には福島正則が尾張から転封され安芸備後を領することになった。まだ戦乱の世は完全に収束しておらず、在地の小領主として親信はそのまま福島の支配下に入ったものと思われる。福島正則は武人として知られているので、戦場往来の武将であることを表す五通の判物は役に立ったに違いない。

一六〇三年（慶長八年）家康は江戸幕府を開き、秀忠を将軍にして徳川幕藩体制を着実に作り上げていく。一六一五年（慶長二〇）大阪夏の陣で豊臣家が滅びて、ようやく戦国乱世は終わりを遂げるのである。この年、信光に長男信之が生まれる。子の母親は徳山藩に仕える原田氏の出である。一家は平穏な日常を送っていたと思われる。

ところが、一六一九年（元和五）福島正則が幕府に無届けで広島城の改築をしたと幕府にとがめられ改易されてしまった。幕府が強力に推し進めていた外様大名取り潰し政策の犠牲であった。

後任として広島に入ったのは浅野家であった。徳川幕府の安定と共に戦乱のない平和な世の中が訪れていた。時代は変わり武略にすぐれた戦国武士は必要がなくなっていた。福島家の時代と違い浅野家は熊野を必要とせず、親信・信光は浪人となった。親信六六歳、信光は四八歳の時である。

この四年後一六二四年（寛永元）親信が七〇歳で死去する。これを機に長年行動を共にしてきた信光の弟信勝が豊前の細川家に仕官している。細川氏が肥後に移封されたので、信勝は一六五二年（承応元）同地で没している。

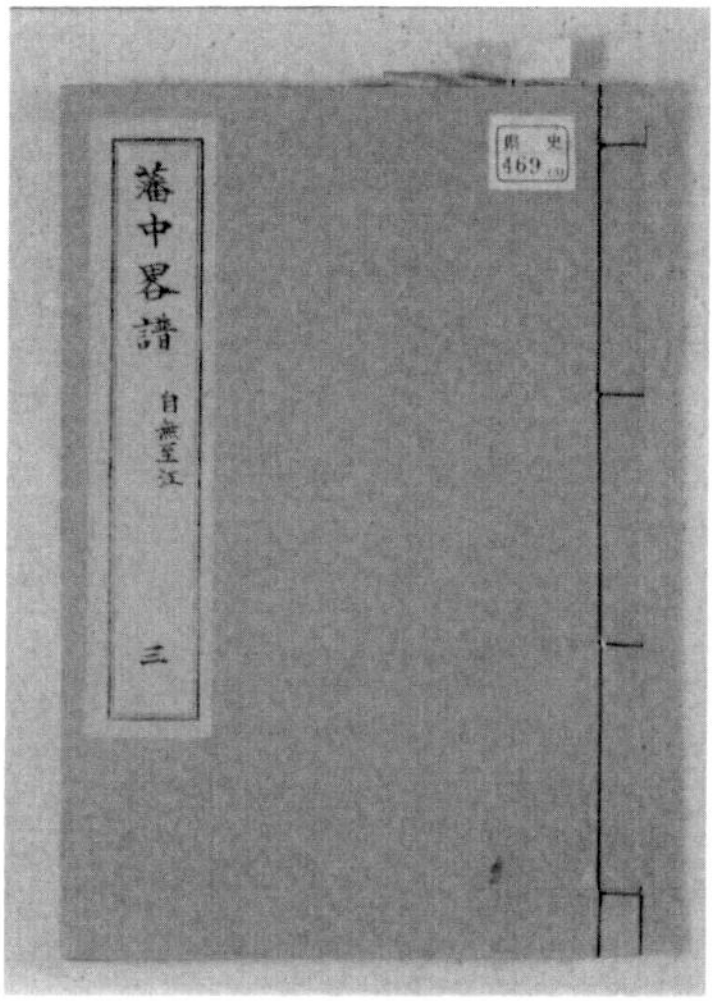

藩中略譜の表紙

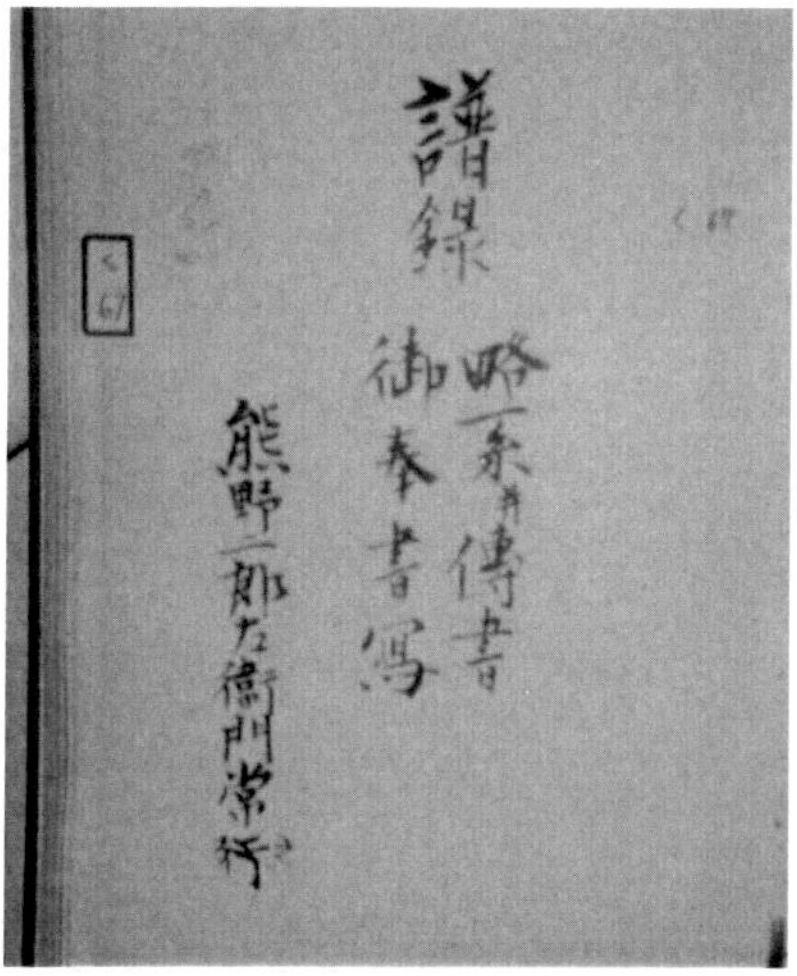
付録　熊野二郎左衛門常之の名が見える

四　信光の決断

親信が死去した翌年毛利輝元と吉川広家が没し、毛利家は秀就が名実共に藩主となり萩藩、長府藩、徳山藩、岩国藩の支藩体制に移行して、政務機構も改革が進んでいった。

安芸に残っていた信光は武士として家を残すために、毛利家に再仕官することを考えはじめた。「自分は五〇を超えた、息子の信之の将来が気にかかる。信之が仕官できる年になれば萩にいって帰藩を願い出よう。その際、父・親信と自身が賜った判物は役に立つはずだ」妻の実家は徳山藩の原田家であり、長府藩には長府熊野家があり長州藩の情報は入手できる。他に熊野家を浮上させる手段はない。

五　萩藩士二郎左衛門信之（三代目）頑張る

年月日は不明であるが萩に入国した熊野は現存する五つの古文書等を添えて帰藩を願い出た。帰藩が認められたのは信之である。その年齢から採用は一六二九年から一六三二年の間と推察される。

戦国の世は終わったとはいえ藩祖・輝元の判物は威力を発揮したのだろう。以後判物は家宝として代々の当主に受け継がれ、藩中略譜作成の時も提示されている。

信之は御扶持米一八石を下賜され御手大工として召し出された。御手大工とは足軽の上に位置する下級身分であり、先祖の活躍を思えば最低ラインからの出発である。

しかし、信之は頑張った。

一六六七（寛文七）四七歳の時、諸所のお役を勤め上げたとして加増され、身分もあがり、地方に六度にわたり下向の後、厚狭郡高泊、際波の一円の開墾に携わった。高泊、際波の新田開発は五千石に及んだ。

一六七〇年（寛文一〇）の古い住所録を見ると信之は北古萩の五八坪の役宅に居住していたことがわかる。古萩は河口に位置しており船倉、御用屋敷、お救い米蔵・評定所、益田蔵屋敷などが集まる経済地区ともいえる場所であった。この頃は藩が徴収する年貢米や物産の売買は商人に任され、それを監督するのが藩士の仕事になっている。

信之は一六八五（貞享二）御蔵元近習を仰せつかるまでに出世した。父信光は一六五二（承応元）に八二歳で死去していたので息子の活躍を見ることはできなかった。熊野家中興の祖というべき信之は一六八八年（貞享五）役所で病死した。七三歳であった。

六　八郎英信（四代目）大組入りを果たす　やったぜ！

父・信之の死去により嫡男英信が家督を相続した。徳川幕府・綱吉の時代である。

信之には二男三女がありそれぞれ娘たちは藩士のもとに嫁いでいる。

弟貞信は熊野貞儀家を継いでいる（この家は熊野藤右衛門家として幕末まで存続し、寛保の藤右衛門、明和安永の為信などが萩職役人名事典に名を残している）。

吉村昭著『生麦事件』に「萩にいる世子定広にも熊野藤右衛門が急使に立って状況を伝えた」旨の記述がある。親信の家も二家に分かれたのである。

英信は父の業務をそのまま引き継ぎ高泊開作に務め一六九五年（元禄八）まで八年間勤仕した。この八年間の活躍は国中の評判となり、翌元禄九年には末定方本締役に抜擢され同一二年まで四年間勤めた。

続いて江戸御留守番手検使役として江戸に赴いた。一年余の勤務の後、一七〇〇年（元禄一三）五月に帰国、末定方御役所勤めとなり一七〇四（宝永元）まで五年間勤仕する。この勤務の最後の年から大頭役・益田織部の下で証人役として一七一一年（正徳元）まで働き、その功により一七一五年（正徳五）遂に大組に召し加えられた。

毛利（長州藩）には一門、寄組（五千石以下千石）、大組（千石以下四十石まで）という階級があり、大組は基本的に馬廻役で藩主の身辺を警護する中級家臣で、それを八組に分け一門に付属させて運営していた。

英信は大組・益田組メンバーとして長州藩中での身分を獲得したのである。その後も検見役、証人役、都合役御本番手、徳地代官、御来方引退検使役等を歴任した後、一七三七年（元文二）隠居を許された。

これらの役は作物の出来高調査・年貢の決定・徴収、現代で言えは税務署の仕事、農政の監督・監査等を行う経済官僚である。

三代信之の拓いた道を五〇年に亘り大きく発展させ大組入りを果たした四代目英信は家督を嫡子光信に譲って七〇歳で引退した。

一度大組入りすれば子子孫孫まで大組である。先祖に胸を張って報告したことであろう。今風に言えば「**やったぜ！**」

七　熊野家は続く

二郎左衛門光信（五代目）

一七三八年（元文三）家督を継いだ光信は御細工所へ請渡しの検使として赴いたのを手始めに、同年御蔵元一〇人、検使督役を勤める。元文四年着服方請渡しの検使の仕事で証人役を勤めているとき、江戸御番手組に付けられ一七四一年（寛保元）から一年余江戸に滞在している。翌二年から御城御帳究役として勤務して一七四五年（延享二）御蔵元検使役に役替えとなっている。翌年には遊行上人来着の際の引際の検使を務めその後三田尻在番として勤めた。一七四七年（延享

大津裁判所址

四）大津代官として勤仕した。しかし在任中病気となり一七五三年（宝暦三）御役御断りを申し出て許可されている。

また光信は益田織部家の家老益田市郎衛門の娘を養女として熊野家から竹本源之丞に嫁入りさせている。家老の娘といっても母親が正妻でなく身分も低いため、しかるべき藩士の娘に直さなければならなかったということであろう。益田にいかに信頼されていたかの証と思われる。誇らしげに家譜に記されている。

光信は男子に恵まれず女子だけであったので栗屋太郎左衛門幸篤の子を娘の婿にとり跡継ぎとした。常之である。光信の妻が内藤喜右衛門の娘であり栗屋の妻はその姉妹であった。従妹同士の婚姻であった。

二郎左衛門常之宗信（六代目）

常之は一七六二年（宝暦一二）検見役を仰せつかり一七六四年（明和元）には御蔵元鍛治方請渡の検使として勤仕するかたわら組並御役を勤めた。

藩中略譜の記述はここで終わり、後の記述はないがおそらく父光信と同様の業務を続けたのであろう。我が家の系図によれば一七七六年（安永五）に死去している。

以後幕末までの信安、信也、信賀の三代については系図に簡単な記述があるのみである。

信安は常之の実子で一七九五年（寛成七）に死亡しているので一八年間前後、父たちと同様の業務を継続維持したのであろう。

七代目信也は上領清右衛門直孝の三男で熊野家へ養子に入った人物である。信也も男子に恵まれないまま、一八一三年（文化一〇）に死去している。

八　断絶の危機

八代目信賀も信也の養子であり、もと積山八右衛門の三男である。信賀は、一八三八年（天保九）一〇月に急死している。前月に娘オキクも亡くなっているので何らかの流行病が原因とも疑われる。

この当主の急死は熊野家断絶の危機をもたらした。信賀には男子がなく、五歳の女子が残されただけであった。まだ若く男子誕生の可能性もあったため養子を定めていなかった。この事態に一族縁者は慌てて対策を協議したと推察される。方法は一つしかない。藩への死亡報告を遅らせて、大至急適当な男子と家子（家付き娘）との縁組を決め、当主の末期養子として藩に届け出ることだけである。家格、家子の年等のバランスを考えながら早急に適当な養子を見つけなければならない。

この年、大組の陶山半左エ門の家に三男が生まれていた。陶山家は戦国期の守護大内の家臣であり、毛利氏に仕えてからは大組であった。寛政時代に半左エ門充昌が所帯方、上関代官などを務めている家である。

この時代、武家の三男には厳しい未来がまっていた。家督相続は長男に限られ、次男はスペアとしての期待もあるが、三番目となると「厄介伯父」の候補である。幕藩体制が固定化してからは分家などという贅沢は許されなかった。親としては良い養子の口を早くに決めてやるのが愛情であった。由緒ある熊野家との養子縁組話に、陶山家では喜んで承知したであろう。

政之進と名付けられた乳飲み子を末期養子として藩に届けでて、熊野家は存続できた。

九　政之進の道

政之進は幼年期を陶山家で育てられた後、熊野家に入ったと思われる。熊野家の大組中士上としての家格は維持されたが扶持は大幅に削減された。末期養子の場合は家禄が半分以上減知されることもあったという。

政之進が何時から出仕したのか判然としないが一八五五年（安政二）の『萩藩給碌帳』によれば（大組八益田組御扶持方弐人高九石一斗半五合、以上高四十石）となっている。

一八四九年（嘉永二）妻である家子が子をなさぬまま一七歳で死去した。

政之進は後妻として厚母権五郎の長女ユリを迎えた。厚母は向津具逆手在郷の無給通士の家である。一八五八年（安政五）政之進二二歳で長男彰が生まれる。安政の大獄のまっただなかである。長州藩の尊王攘夷派の精神的指導者・吉田松陰が一二月に投獄され、翌年江戸に送られた。

この頃、ユリが語ったという話がわが家に伝えられている。当時熊野の屋敷は吉田松陰の実家杉家（現在の松陰神社の一角）と隣り合っており木戸が通じていた。松陰の実母・滝とユリはふだんから付き合いがあった。ある朝、顔をあわせた滝が悲痛な声で「寅次郎が死んだ」と語った。知らせでもあったのか？　違う。「昨夜別れを告げに枕元に現れた」という。

その日が松陰処刑の翌日であったということは後になって分かったことである。この言い伝えについては真偽のほどがわからなかったが、萩図書館で聞いたところ、滝の妹が同様の話を語っているという記録があり、事実と確認された。

杉家の敷地の中には松陰が講義を行った松下村塾があり、現在も保存されている。二間限りの質素な家屋である。松陰はここに身分の差別なく若者をうけいれ、熱く語り、時には議論をたたかわせたという。わずか二年半だが、火の玉のような時間だったろう。ここから多くの尊王攘夷派の「志士」が育ち、幕府恭順派と争い、倒幕へと疾走した。

政之進は彼らと同年代である。塾は目の前。心は波立ったにちがいない。しかし彼は断絶の危機にあった「熊野家」の存続のために養子となった人間である。再婚して父親にもなっている。封建の世では「家」を守る義務ほど重いものはない。ひたすら経済官僚としての仕事に専念するほかに選択肢はなかった。松下村塾出の「志士」の多くは非命に倒れたが、政之進は政争に巻き込まれることなく、明治の世を迎えたのである。

熊野家初代親信・二代信光は武勇の人であったが、その後の熊野家は農政・財務・監査、いわゆる「文治」のエキスパートとして生きつづけた。最盛期の禄高は二〇〇石と推察される。

こうして戦国の国人・熊野氏は五通の判物と共に激動の三〇〇年を生き延びた。

第三章　明治の世に

一　政之進、向津具へ

一八六七年（慶応三）徳川慶喜は朝廷に大政を奉還し、翌四年薩摩長州を中心とする明治政府が誕生した。

新政府は中央集権化をいそぎ、明治二年に版籍奉還が、一八七一年（明治四）には廃藩置県が断行された。長州藩は消滅、大組も解散した。政之進は四六歳にして失業する羽目になった。しかし、無収入になったわけではない。しばらくの間、明治政府は各藩の藩主、藩士に秩禄を与えていたからである。上級武士は幕藩時代の家禄から七割程度削減、中下級武士は三割から五割程度削減した額を支給した。もしこの時点で幕藩時代の武士から家禄（全収入）を取り上げていたら大反乱がおこったであろう。彼らは本来戦闘集団なのだから。

一八七〇年（明治三）の『萩藩給碌帳』を見ると政之進は「御扶持方弐人高六石壱弐斗四升五、元中士上等壱石五斗嫡次郎四郎」と記録されている。ちなみに陶山民之助「御扶持方弐人高三拾弐石五斗以上高四拾壱石五半嫡直治郎」との記載もある。

奇しくも長州藩が消滅したこの年に政之進の養母が萩屋敷で死去した。幕藩体制の滅びと中央集権化・西洋化の大波の中で熊野の血は絶えた。しかし、明治の代になっても「家」制度は残る。「熊野家」では政之進の長男・次郎四郎が大人になりつつあった。

秩禄に頼る生活に未来はない。養母の死を機に政之進は萩の屋敷を出て油谷半島・向津具の代官屋敷（地名）に移り住む決断をした。ここには一町五反程の田畑があった。

萩の屋敷に住み続けることもできたのだが、何故向津具を選んだのだろうか？

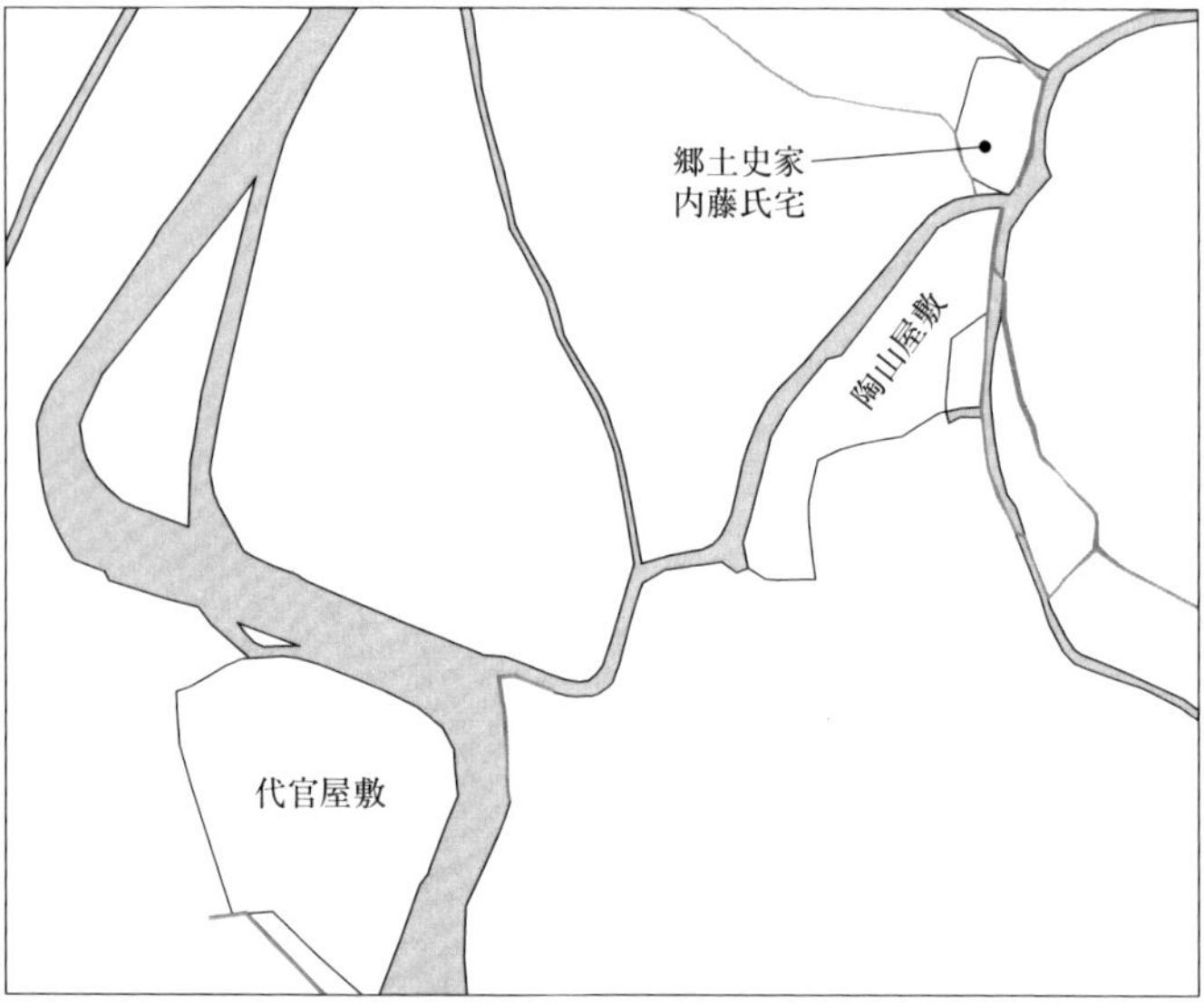

山口県大津郡油谷町迫田の地籍図をもとに

政之進の実家・陶山家はもともと向津具出身で、一族が長年居住しており、迫田に屋敷もあった。『油谷町史』によれば当主の陶山信輔は一八六八年（明治元）には大規模な家塾を開いており、漢学、算術、算盤など幅広い分野の教育を行い、村の教育機関としての役割を果たしていたとある。一八七五年（明治八）まで続いている。

また政之進の後妻のユリの実家・厚母家も向津具逆手に在郷していた。政之進にとってはゆかり多い土地である。しかも、当時の向津具は捕鯨業などの漁業で繫栄していた。

郷土史家の内藤繁行氏によれば、陶山屋敷の近在にある代官屋敷はもともと大津代官所の知行地であったのが地名になったという。萩屋敷を出てここに居住する許可をもらって移ったのか、陶山が管理していたのを引き継いだのか、もともと何時の頃からか熊野の知行地であったのか、代官屋敷に居住できた理由は今や判然としない。

一八七二年（明治五）戸籍法が施行されると政之進は庫太《くらた》と改名する。息子は彰。時代に合わせモダンな名を選んだのであろう。

一八七三年（明治六）に徴兵令が施行され、武士は不要の存在となる。これに秩禄を与え続けるのは意味がない、しかも財政上大きな負担である。

政府は一八七六年（明治九）に「金禄公債証書発行条例」施行に踏み切った。秩禄は廃止され一八七二年（明治五）から一〇年分の公債が渡された。いわゆる秩禄処分である。物価が上がり続ける中、手元に現金がないという事態になり、士族は追い詰められた。そのうえ唯一の誇りである刀をとりあげる「廃刀令」も出された。

ついに不平士族の反乱が続発する。萩でも元参議前原一誠が「萩の乱」を起こしたが鎮圧され、前原は処刑された。翌一八七七年（明治一〇）、「西南の役」で西郷隆盛が敗死した。ここでようやく士族の反乱は終結する。

秩禄処分を機に庫太は家督を長男彰に譲り隠居した。

一八七九年（明治一二）、彰の長女ミサヲが出生するのと入れ替わるようにして庫太は急逝した。激動の世を無事に乗り切り、子孫に「熊野家」を継がせることに満足して逝ったであろう。

五通の判物は士族の誇りと共に息子・彰に受け継がれた。

二　彰の選択

彰は一八五八年（安政五）の生まれ。幼名次郎四郎、維新時は一〇歳、藩校明倫館で学んだ。

一八七三年（明治六）地租改正が行われた。それに伴って税務関係の人材募集が行われ、彰も翌年税務署に就職した。

もともと熊野家はたびたび検見役や地方の代官を務めた家であった。明治以降、その仕事は税務署の業務となったため税務官になるのは自然の成り行きであった。一八七八年（明治一一）には向津具の八木庄之助の次女ミワと結婚した。

税務署勤務を公的資料で確認できるのは一八八六年（明治一九）である（この年以前はそもそも税務所関係の資料がない）。吉敷郡役所収税部判任官一〇等として名簿に記載されている。彰二八歳である。一八八八～八九年（明治二一～二二）は厚狭郡検税課、一八九二～九三年（明治二五～二六）に萩関税署収税局の職員録にその名がある。彰は各地の税務署を転勤しながら壮年期を過ごしたのである。

この間、一八七八年（明治一一）長女ミサヲが誕生。三年後の一八八一年（明治一四）には待望の長男茲朗が生まれ、以後一八八四年（明治一七）二女ミキ、一八八七年（明治二〇）三女タキ、一八九二年（明治二五）二男鎮城、一八九四年（明治二七）四女スエと子宝に恵まれる。

彰が仕事で各地を転々とする間、代官屋敷は母ユリが守っていた。

一八九四年（明治二七）には日清戦争があり日本は勝利し、台湾を中国から獲

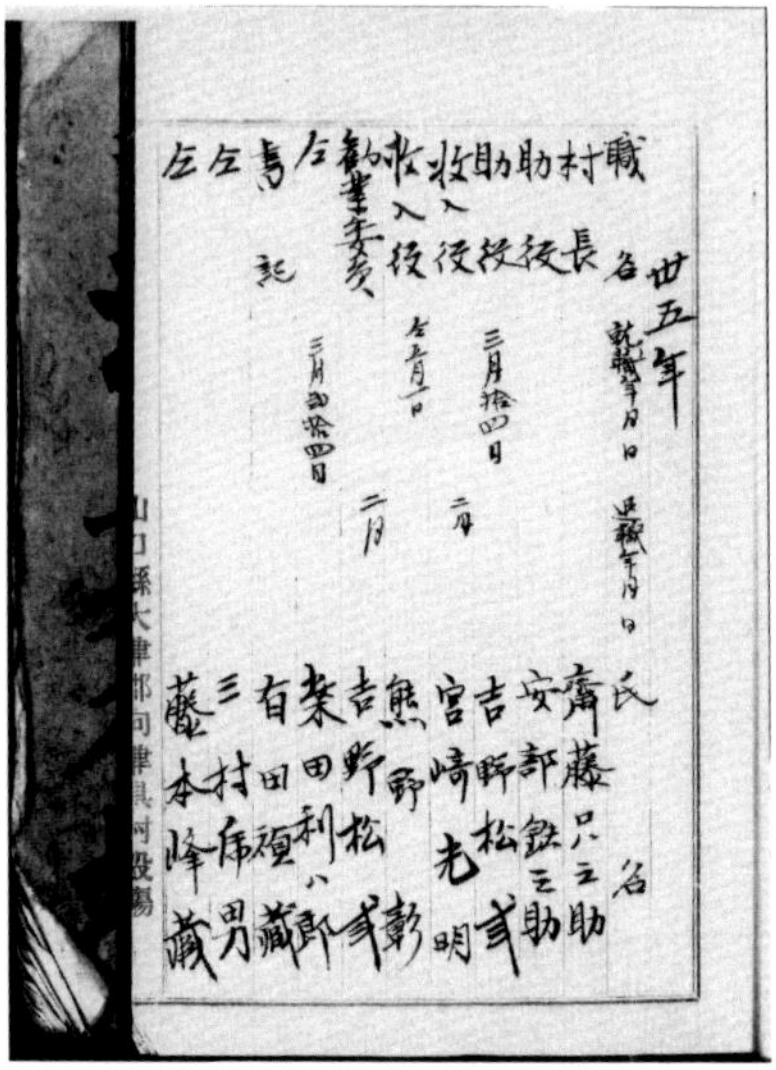

向津具村役場の職員録
まん中のあたりに彰の名前が確認できる

得する。このことが彰の運命を左右する。

彰の名はこの年、山口県の税務署の職員録から消える。次に確認できるのは一八九七年（明治三〇）大蔵省神奈川税務署である。一八九九年（明治三二）には大蔵省東京税務管理局幸橋税務署に勤務している。山口県から東京に転勤していたのがわかる。地方から中央官庁への栄転であった。以後の職員録に名前が見えず、次に確認できるのは向津具村の収入役としてである。

一八七八年（明治一一）郡区町村編成法、府県会規則、地方税制規則の三新法が制定され地方の再整備の動きが活発になる。向津具村も大浦、川尻等の近在の村との合併を繰り返すが、村長は元の大庄屋斎藤一族が三代に渡って務めていた。

彰・ミワ夫妻

斎藤家は日本海の鯨漁で栄えたという。

一九〇一年（明治三四）斎藤友之の後を受けて村長に選ばれたのが斎藤只之助である。只之助は、会計と税務に精通した彰を収入役として招請した。先々代からこの地区と縁のある熊野と顔見知りであったと思われる。

村長に誘われた彰は故郷に帰る好機と考え、一九〇二年（明治三五）五月に収入役に就任した。妻ミワも向津具の八木氏の出であり、母ユリも向津具の代官屋敷に居住していることなどを考慮したのであろう。収入役となってのユーターンはいわば「故郷に錦を飾る」ことであったに違いない。

斎藤村長は、漁港修復整備、新漁法開発、魚市場村営化、組合方式の酪農、電信設備など企画性のある村政を行った。さらに、一九〇五年（明治三八）から計画され一九〇七年（明治四〇）に認可された小田、天神等の道路事業を行い、七万六千四百五十円の総工費をかけて一九〇九年（明治四二）に落成した。

翌一九一〇年（明治四三）に斎藤村長はこれを花道に退任する。彰も共に辞職した。当時の向津具村議会の議事録に残されている。

建設記念顕彰碑が今は廃校になった学校の前に建てられていたが、現在では元村役場の前の広場に移築されている。町長・収入役等の三役、その他関係者の名が彫られ、平成年間まで名前が読み取れたが、その後、石碑の洗浄を行った際に読み取りにくくなってしまっている
以下は筆者夫婦が読み取った内容である。

明治三十八年八月村会議　四十年九月認可
同四十年度　第一期線小田至一〇三里就工

同四十二年　天神至川百三十余　同四十二年五月
落成　総工費　七万六千四百五十円
起工式十二月
村長斎藤只之助　助役吉野松三　収入役熊野彰
道路委員　小磯挙松　安田重太郎　東野孫六
柴田利八郎　松永益太郎
参与　梶山□人　今沢竹治　藤本□四郎
　平田丈三郎　安藤銀□
工事随意契約　若山孫市　向津具村

道路は立派にできたが、大変なおまけがついてきた。郷土史家の内藤氏によれば道路開設には多額の費用がかかり、国の補助金が充当されるはずであったが、予定通りおりなかったので不足分を町長らが負担したという。熊野彰も分担したと当家に伝わる。

ここで不動産台帳により彰の動きを見てみよう。

彰は一九六四年（明治三九）にそれまで不登記であった代官屋敷を登記した。当時は土地登記制度の初期であり、以前から居住していたという理由だけで登記を認められることが多かったそうである。熊野家は明治以前から住んでいたので当然所有者として認められた。

彰は一九〇八年（明治四一）にこれを担保にして東京の日本勧業銀行から四三〇〇円を借り入れている。地価六万三七三〇円地租一五九三円の物件なので妥当な借り入れであろう。

彰は一九〇五年（明治三八）に陶山屋敷を手に入れているので、借り入れの主な目的はその支払いにあったと思われる。

彰の叔父陶山民之助は、明治以後名を信輔と改め家塾を開いていたが、一八七九年（明治一二）に村議会が向津具に開設されると村会議員となり一八八一年（明治一四）には村会議長を務めるなど村の有力者として活躍していた。熊野にもいろいろと便宜や庇護を与えていたと想像される。一九〇二年（明治三五）に死去している。その夫婦墓は龍雲寺の熊野家の墓所の隣にあり、まるで後見しているように見える。

陶山屋敷は陶山慶次郎が相続したが、既に生活の根拠を他所に移していた慶次郎は向津具に戻る気はなく、彰に安価で譲ると申し出た。彰は人手に渡したくなかったので、この申し入れを喜んで受けいれたのである。ちなみに陶山屋敷は宅地七反程の面積で地価は一万三一六〇円であった。

向津具に帰郷してほぼ一〇年、村の収入役を勤めたが、明治期の村の三役の給与は高額ではなかった。年一〇〇円程度という資料もある。むしろ村の指導者・名誉職という色彩がつよかったのである。仕事柄、冠婚葬祭、村の行事などお付き合いの費用もバカにならなかった。

子供たちも成長し、学費や娘たちの嫁入り資金も考えねばならなかった。

そのうえ前述の如く道路建設費用不足問題が起こり、その分担金捻出もせねばならなかった。そのため借入金返済ができなくなり、遂に彰は一九一三年（大正二）に代官屋敷を手放している。

三　熊野家の女たち

ここで明治から大正にかけての熊野家の女性たちの動きを整理しておこう。幕末維新から明治を生きたのは庫太の妻ユリである。一八二七年（文政一〇）生まれで一九〇九年（明治四二）に八二歳で死去している。一八七九年（明治一二）に夫が死去した後三〇年にわたり代官屋敷を守り続けた一生であった。お蔭で彰は後顧の憂いなく税務署の仕事で各地を転勤してまわれたのである。菩提寺龍雲寺には何故か一人墓で残されている。彰が深い感謝の気持ちで建てたと思われる。

彰の妻ミワは一八五八年（安政五）生まれで彰と同年齢である。彰との間に二男三女をもうけ彰死亡後も長女ミサヲ、孫羊太郎と共に「小さい婆ちゃん」といわれながら幸せに生き一九四〇年（昭和一五）台北で死去している。

筆者の祖母に当たる彰の長女ミサヲの人生はかなり波乱に富んでいる。当時の女性としては珍しい強い生き方をした人である。

明治からの熊野家家系図（10代目以降）

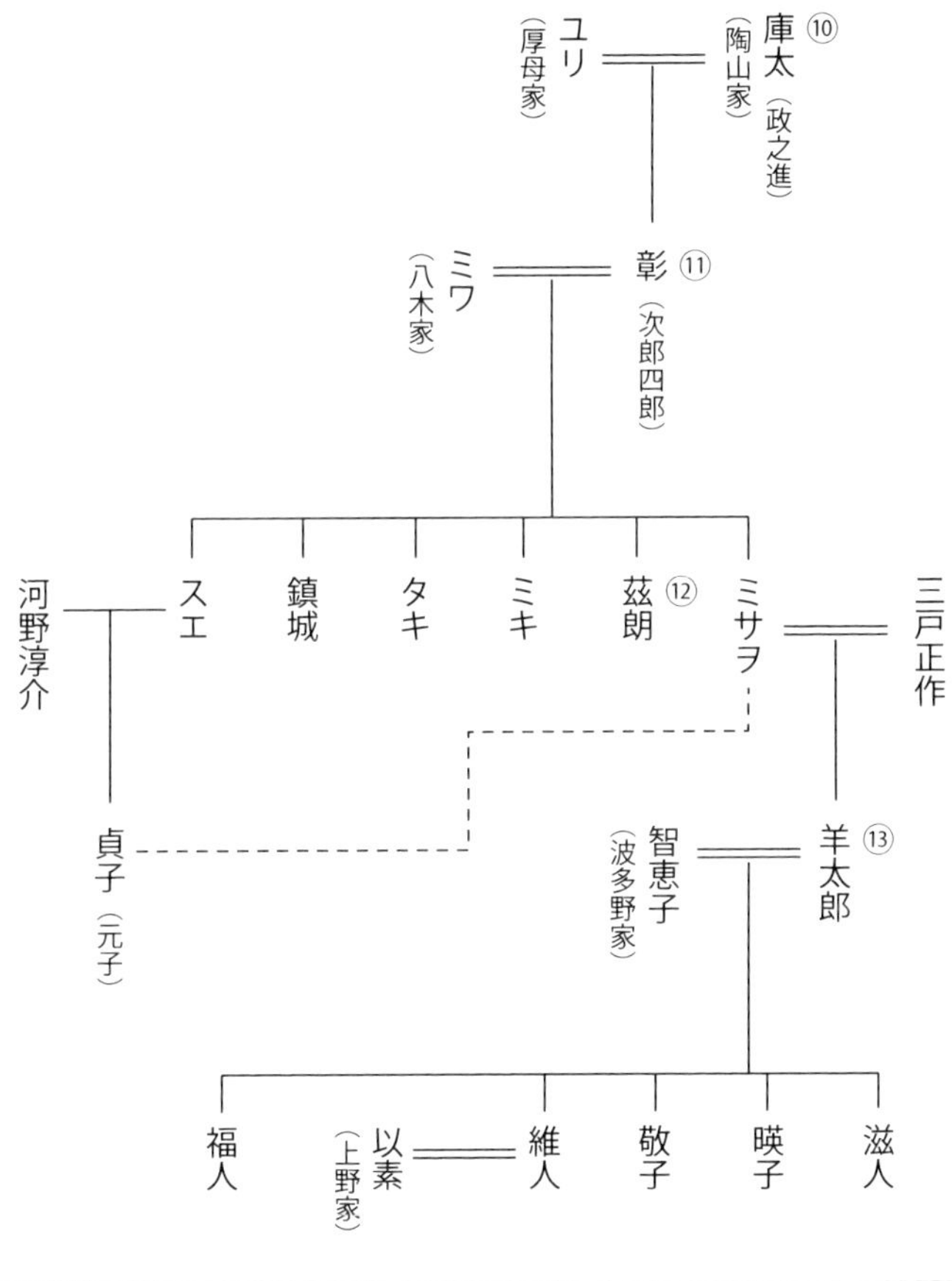

ミサヲは、一八七九年（明治一二）彰夫婦の初めての子として生まれ、父の転勤に伴って現在の山口市、萩市など転々とした。正教員の資格を持っていることから高等女学校を卒業していることがわかる。ところがミサヲの学齢期に山口市や萩市に高等女学校は存在しない。

いったいどこで学んだのだ？　色々調べるうちに、一八七一年（明治四）日本で三番目の女学校・舟木女児小学が「女性にも学問を」との情熱をもつ毛利勅子女史によって設立されたことが分かった。舟木女児小学は徳基学舎と改称し、一八八五年（明治一八）山口県初の高等女学校として徳基高等女学校となった。現在の県立厚狭高校である。その校舎は厚狭郡役所のすぐ近くにあった。ちょうどミサヲが女学校学令の一二歳（数え年）に達する前年から父・彰が厚狭郡検税課に勤めている。女学校は五年制であるが徳基女学校には寄宿舎もある。父の転勤後もここで学び卒業できるはずである。残念ながらこの女学校の学籍簿は消失しているので断定はできないが。状況証拠は十分である。ミサヲは女子教育の先駆けの学校で学んだのであろう。それが後年の強い生き方につながったのではないかと思う。

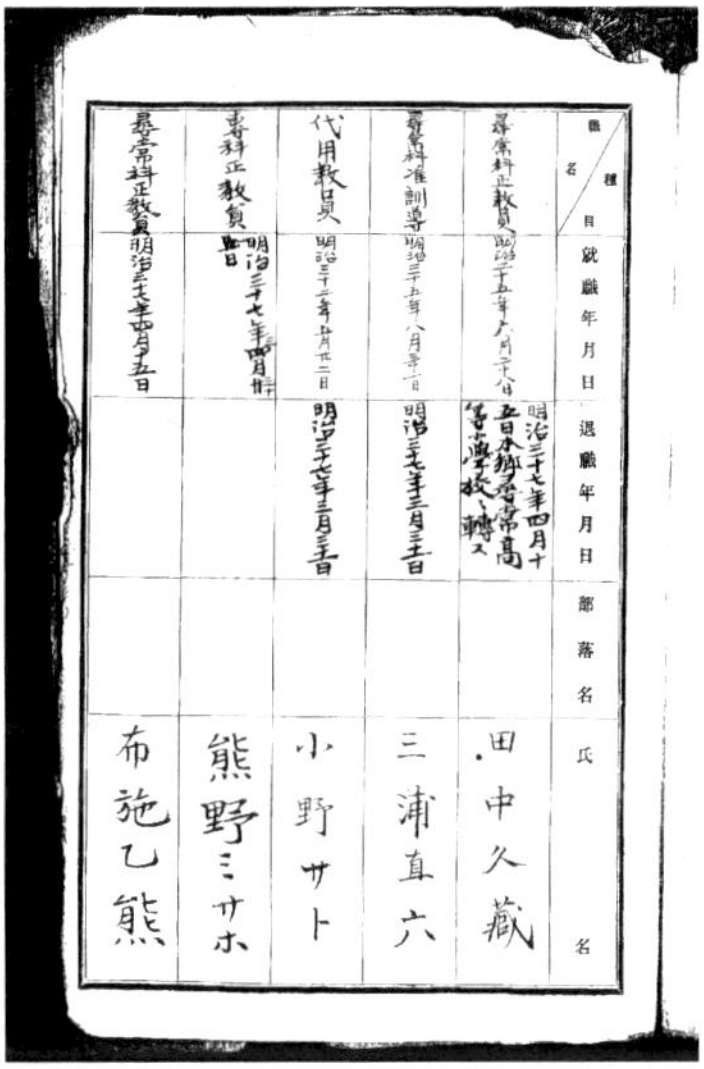

向津具村職員録
左から２人目に「熊野ミサホ」とある

　ミサヲが徳基高等女学校を卒業したとすると一八九三年（明治二六）に教員免許を取得したはずである。その後、一八九七年〜一九〇一年（明治三〇〜三四）までは父が神奈川、東京の税務署勤務になっているので、その地で教員をしたのか、あるいは向津具に帰り祖母ユリの世話をしながら教員をしたのか定かではない。ただ一九〇四年（明治三七）の向津具村の職員録に小学校の専科の正教員としてその名が確認できる（旧向津具村のわずかに残っていた職員録に記載）。

　教員は一度退職すると他県の正教員に復帰するのは難しいので、ずっと故郷で教鞭をとっていた可能性が高い。一九〇二年（明治三五）には父は向津具村の収入役になり故郷に帰っている。

美人で賢いミサヲに縁談がなかったわけではないが、転勤を繰り返し多忙であった父彰は手中の玉である長女をなかなか手放せず、いつの間にかミサヲの婚期が過ぎていた。向津具に帰って落ち着いた彰は娘の将来を考えるようになった。しかし、数えで二九歳になるミサヲには後妻の口しかなかった。

当時の結婚は親が決めるものであり、娘は夫の顔も知らずに嫁にいく、嫁ぎ先では夫だけではなく舅姑に仕えなければならない。女性の適齢期は一〇代半ばであり、二〇歳を過ぎれば「行き遅れ」とよばれ三〇になれば「ばあさん」であった。しかも、女性にとって結婚以外の生きる道はないと考えられていた。「女は三界に家無し」の時代であった。

彰は三九年にミサヲを厚狭の三戸正作の後妻として嫁入りさせた。三戸家は厚狭の大庄屋の家柄で、彰は三戸の先代・儀介と同じ役所に勤めたことがあった。

正作はこの時四九歳で、ミサヲとの年齢差は二一歳であった。しかし婚期がとうに過ぎた娘に適当な相手が見つかるわけでもなく、「三戸家は豪農で金銭的な苦労はないだろう。悪い縁組ではない」という彰の考えであった。ミサヲも親に従った。ここまでは当時の女性の普通の生き方だった。

しかしこの縁組は失敗だった。三戸家には先妻と前夫の子、先妻と正作との子もいるという複雑な家族関係があった。士族と農家の家風の違いのうえ、旧幕時代に生まれた正作と女学校を出て教師をしていた当時のインテリ女性のミサヲの心が合うわけがなかった。時を経ずして破局が来た。妊娠を機に実家に帰ったミサヲは二度と三戸家には戻らなかった。

彼女は「嫁いだからには何もかも目をつぶって辛抱する」という当時の女性の「常識」に逆らった。また、このようなケースでよく行われていた「生まれたばかりの子をよそへ養子にやって自分は戸籍上一人身のままにしておく」という手段もとらなかった。彼女は「一人で子を産み、育てる」という選択をしたのだ。今では珍しくないが、当時これは大変な決心であった。

一九〇七年（明治四〇）一二月ミサヲは無事男の子を出産。羊太郎と名付けられた。跡継ぎが生まれたことを知り正作は喜んで認知してミサヲに帰って来るように頼んだがミサヲは帰らなかった。

父・彰は娘の意思を尊重し保護した。かれには「自分が進めた縁組で娘を不幸にしてしまった」という後悔の念があったのであろう。

羊太郎はいったん三戸の戸籍に入ったが実際には熊野家で育てられた。ミサヲの離別の意思は固く、正作はあきらめて四三年に別な女性と再婚した。同年ミサヲは分家して女戸主となり羊太郎を自らの戸籍に入れ完全に三戸家との縁を断った。

次女のミキは一九〇七年（明治四〇）、二三歳で吉敷郡山口町の山田壮介と結婚、生涯円満に過ごした。

三女タキは一九一五年（大正四）に分家独立。親兄弟が台湾に渡っていく中、一人向津具に残る道を選んだようである。婿養子をとり、そのまま陶山屋敷に居住した。近隣の内藤氏が五、六歳のころ陶山屋敷にすんでいた「熊野」からおもちゃをもらったと証言されている。その後「熊野さんは引っ越していった」ということである。一九三二～三年（昭和七～八）のころであろう。タキは一九三五年（昭和一〇）に死亡している。

四女スエはかなり発展家であったようだ。一九一三年（大正二）一九歳の時、河野淳介と恋愛結婚、すぐに女の子を出産した。しかし一九二〇年（大正九）に離婚、その二年後香川県の上野吉徳と再婚している。河野淳介との間に生まれた子（元子）はミサヲたちが引き取り羊太郎と一緒に育てた。後に家族たちはなぜかこの人を貞子叔母さんとよんだ。引き取った時に改名したのかもしれない。

四　台湾へ

一九〇九年（明治四二）に母のユリを亡くし、一九一一年（明治四四）に収入役を退いた時点で彰は五三歳となっていた。隠居して静かに暮してもよい年齢であったが、老いこむ気はなかった。そこへ、台湾の台南庁で仕事をしないかという話が持ち込まれた。

日本は、一八九四年（明治二七）日清戦争に勝利して下関条約で台湾を獲得した後、植民地支配を担う台湾総督府は反乱と風土病に悩まされながらも開発を推進しつつあった。

特に四代目台湾総督に児玉源太郎が就任すると後藤新平を民生長官に起用し、治安の安定、鉄道などのインフラ整備、土地税制の改定、アヘンの専売制の導入によるアヘン撲滅を図るなど一気に台湾の開発を進めていた。

今に残る台湾総督府職員録を見ていくと、初期は中国名の職員が載っているが、急速に日本人に置き換わっていっているのがわかる。内地より多くの職員をよび寄せていたのだろう。

台湾は内地人にとって未知の魅力ある所に見えたのだろう。多くの人が渡っていった。桂太郎、乃木希典、児玉と三大連続で長州出身者が総督についている関係上、長州からも多くの人たちが海をわたった。

彰は心が動いたが、台南がどのような所か十分な知識がない。実態を把握しようと、まず次男鎮城を台南にやることにした。

鎮城は一八九二年（明治二五）生まれで一九一〇年（明治四三）に分家独立していたが、一九一二年（明治四五）台湾に渡り台南州の鉄道部運輸課で働き始める。そして鎮城のよこす報告は、台南が飛躍的に発展しつつあり、活気にあふれた魅力的な所だというものであった。

都市から遠く離れた向津具村には発展の可能性は少ない。それよりも一家をあげて台湾に移住しよう。これが彰の決断だった。彼は周到な移住準備を始めた。

五　大正の世

一九一二年（明治四五）明治天皇が死去、大正の世になると護憲運動が盛んになり大正デモクラシーとよばれる比較的平穏な時代となった。

しかし熊野家にとっては大きな変化が起こった時期でもある。次男鎮城に続いて一九一三年（大正二）に長男・茲朗も台南に渡った。

茲朗は学校を出た後山口県庁に勤めていた。一九一一年（明治四四）には山口県庁内務部土木係に工手として勤務していたことが山口県職員録で確認できる。退職して、台南庁庶務課に勤める道を選んだのだ。県庁時代の給与は一七円であったが台南庁では五円であった。三〇歳を過ぎての再出発である。台湾総督府職員録をみると、茲朗は地道に努力を続けて、少しずつ階段を上り一九二六年（大正一五）には知事官房文書課の主査にまで上り詰めていることがわかる。

鎮城は一九二二年（大正一一）鉄道部から台南州知事官房会計課に移り一九二八年（昭和三）まで内務部で活躍、一九三二年（昭和七）曽文郡役所庶務課勤務

ミサヲが勤めていた小学校

を最後として台湾総督府職員録から姿を消している。その後一九四二年（昭和一七）一〇月に死去するまで、総督府関係に勤務したのか民間に転職していたのか不明である。故郷向津具の龍雲寺に納骨されている。

一九一六年（大正五）にはミサヲも羊太郎を連れて後に続き、一九一七年（大正六）に台南庁台南第二尋常小学校に奉職している。その後も市内の数校に数年おきに赴任しているので、今でいう「常勤講師」であったのだろう。ミサヲが勤務した小学校が昔のまま残されており、今も現役の学校である、校内には米軍の銃撃のあともある。

茲朗はなぜか妻帯していない。姉・ミサヲと羊太郎という家族に満足して独身の寂しさがなかったからかもしれない。

さて、子供たちの安定を見届けた彰はいよいよ台湾に移住することにした。一九一九年（大正八）に陶山屋敷を売却する。一〇年間はタキ夫婦が居住できるという条件付きであった。

後顧の憂いなく彰夫婦は台南に渡った。翌年台南州官房文書課通辞になっている。住居を定めたのは末広町二丁目四六であった。末広町は台南銀座ともいわれた最大の繁華街の近くであった。

ところが翌一九二一年（大正一〇）彰は急死する。六三年の生涯であった。

幕藩体制から近代国家へ変わっていく激動の明治期を税務官吏として生き抜き、東京に出て大蔵官僚となり、乞われて故郷の向津具村の収入役を務めた。そのうえ、五〇代でなお新天地を目指そうと着々と準備を整え、台南に移住した。彰は進取の気性に富んだ人物であったのだろう。

その彰も戦国武士の末裔であり、長州藩大組の侍として生まれたという矜持は持ち続けたに違いない。五通の判物は大事に包装され台湾に渡った。

家督は長男茲朗が相続した。父の死後は母ミワとミサヲ親子、妹の子の元子たちと同居して結構にぎやかに暮らすことになった。茲朗は甥の羊太郎を自分の子どものように可愛がり熊野の跡継ぎは羊太郎と決めていた。

ところがその茲朗が一九二六年（大正一五）大正町三丁目一四の自宅で急死してしまう。

四五歳の生涯であった。結婚しなかったことと考え合わせると生来体が丈夫ではなかったのだろう。しかし台南庁で懸命に勤め上げ、秘書室長にもなれる地位での死であった。

この年末、大正天皇が崩御したため時代は昭和の時代に変わっている。茲朗は大正と共に去り昭和の時代は羊太郎が熊野家を継ぎ維持していくことになった。

ここに一枚の熊野のほぼ全員が台南に集まって撮ったと思われる集合写真がある。彰はおらず茲朗とミワ、ミサヲはいるが、個人個人を全て特定することはできない。

台湾での熊野一族

台湾総督府職員録は日本統治時代の総督府職員録。初代総督の時代から終戦まで完璧に残っておりインターネットで見ることができる。第一回の台湾旅行の後、「台湾」のキイワードでネット散歩をしていて発見した。検索は中華民国の漢字でおこなうが、簡潔ですぐ慣れた。全職員の姓名、職名、出身地、給与などの詳細な記録である。おそらく現台湾政府の文書関係の機関がネットにアップしたのであろう。過去の植民地被支配の歴史をよくここまで残すと感心する。

公文書を平気で破棄する日本政府とは大違いである。

これを発見してから、逆に日本にも古い職員録が残っていないかと探して国会図書館に行き着いたのである。ここに残る職員録は欠けている年も多いが、彰の記録を発見できた。

第四章　昭和の激動

一　羊太郎の結婚

茲朗の急死は羊太郎の運命を大きく変えた。同年に台南第一中学校を卒業し進学予定だったが、家督を継ぐことになった。家族を養う義務を負ったのである。羊太郎の家族は祖母のミワ、母ミサヲ、従妹の貞子（元子）の女性三人であった。母ミサヲは花園尋常小学校、台南州高等小学校などで教員を続け、羊太郎は一九二七年（昭和二）、内務省台南測候所に就職した。

一九三三年（昭和八）までは台南測候所に務めたが、その間一九二九年（昭和

旧台南測候所

四）一月一〇日から翌年七月九日まで約一年半、第四二連隊第二中隊歩兵として軍務についている。しかしこれ以降は「簡閲点呼済」が毎年続き不思議なことに一九四〇年（昭和一五）には陸軍上等兵に進級している。

一九三四年（昭和九）には台中測候所に転勤し技手となり生活も安定し、ミサヲも教員をやめることができた。

台湾における日本からの移住者、特に公務員は豊かな暮らしが保障されている。次は結婚が当時の常識だった。羊太郎も二八歳になっていた。

一九三五年（昭和一〇）羊太郎に波多野智恵子との縁談が持ち上がった。

智恵子の父・波多野信治は日本赤十字台湾支部医院の事務局に務めており、釣り合った縁組と考えられる。しかし、台湾第第二高女を卒業し台湾総督府に勤めていた智恵子は急いで結婚する気はなかった。結婚すれば仕事をやめて家事育児に専念し舅姑に仕える「窮屈な」生活が待っているのだ。智恵子の写真帳には流行の洋服を着て楽しそうな姿が残っている。

しかしもう二三歳である。相手は母一人子一人で係累もすくないし、気象台務めは安定した職業、こんないい話はないと父・信治は「お前が嫁に行かんのなら、わしは家に帰らん」と迫る。智恵子はやむなく承知した。ところが嫁いでみれば、祖母に従妹までいて女だらけの家であり、（だまされた）と思ったという。

ここで波多野家のことに触れる。波多野信治は鳥取県倉吉市で一八八六年（明治一九）に西田富蔵の次男として生まれ、一九〇八年（明治四一）に波多野安太郎の長女いちと結婚して養子に入った。

その後明治末に台湾に渡り一九二二年（大正一一）に本家から分家独立した。いちは一八八五年（明治一八）生まれで、二人の間には三男一女があり、一九〇八年（明治四一）生まれの長男の文夫だけが倉吉で生まれ、他の三人は台湾生まれである。

智恵子は一九一二年（明治四五）二月に台北市東門外三八で信治の長女として生まれた。波多野家は最初赤十字病院の敷地内の家に住んでいたが、信治の地位が上がり事務長となると収入もよくなり、環境の良い川端町に広い屋敷を構えるようになった。

智恵子との結婚後、羊太郎は順調に気象台職員の階段をのぼっていった。家計も豊かになり、貞子（元子）を熊野から日本水産の田村氏のもとに嫁がせることができた。

ミサヲも学校を退職し母のミワと平和な日々を送るようになった。

羊太郎夫婦の仲は良く結婚の翌年一九三六年（昭和一一）に長男滋人が生まれ一九三八年（昭和一三）に長女暎子が生まれている。二人とも出生地は台北の東門外、届け出地は台中になっているので智恵子は台北の実家に帰って出産したものと思われる。当時は実家での出産が普通だった。

★足跡を訪ねて①　台南★

台湾時代の熊野家の足跡を訪ねて、二〇一三年四月と二〇一六年九月の二度にわたり妻・以素と姉・敬子、姪の晶子の四人で台湾を旅した。

台南市では戸籍謄本を手掛かりに彰が死亡した台南市末広町二丁目四六番地と、茲朗が死去した大正町三丁目一四番地そして現存する台南測候所を訪ねることが目的であった。

末広町二丁目には林百貨店の建物が今も残っているというので目印にして歩いた。林百貨店は一九三二年（昭和七）長州人林万一により創建された当時珍しい円形の五階建て百貨店舗で随分と繁栄したようだ。

永福路と中正路の交差点に一世紀を隔てて取り壊されることもなく現存し、近年中に再整備されて再利用の予定ということであった。この付近に彰たちは住居を定めていたのだと感慨にふけりながら中正路を台南駅に向かって歩く途中のことである。以素が右手に歴史館と書いてある建物に気が付き、番地（旧末広町四八六の場所）まで特定できるかもしれないと一人で中に入っていった。奥の突き当りの部屋に入ったきり、なかなか出てこないので私たちも入ってみると二つの応接セットと事務机がある二〇坪ぐらいの天井の高い部屋だった。男性五人女性二人がいて、男性二人が大きな地図をだして何かを調べていた。以素の説明によれば、我々が飛び込んだのは台南市議政史料館で、今いる部屋は市議会議員の談話室であるという。「今二人の議員さんが古い地図で昔の番地を調べてくれている」という。すると痩身の背筋のピンと伸びた六〇代ぐらいの女性が微笑みながら応接セットに座るように促し、私たちが座るとお茶とお菓子がでた。全くの中国式大歓迎であった。

頂いた名刺によればこの女性は台南市議会の議員団長嚴恵美という方で、ふと壁を見上げると議員協進会理事長の歴代写真が飾られており、嚴恵美さんの写真もあった。嚴さんは少し日本語が話せ、そこにいる人を紹介してくれた。彼女を中心にしてひとしきり話がはずんだ後、実は妻も豊中市会議員だと話すとさらに雰囲気は盛り上がり、台南市政の機関紙の贈呈式を行って写真を撮ったりしてあっというまに三〇分過ぎた。地図を調べていた副幹事・蔡さんが「二丁目まではわかりますが番地までは無理です」といったので、辞去することにした。すると嚴理事長が「今日本語をしゃべる人をよんでいるので一緒に昼食を食べよう。御馳走する」と誘う。廊下に出ると太った身なりの良い老婦人が息を切らしてやってきた。

嚴さんの姉だと紹介される。戦前日本の銀行で働いていたということで日本語はとてもうまい。車をよんでいるから少し待てといわれてタクシーでも来るのかと思っていると、やってきたのは黒い大型のバンで、運転しているのは嚴さんの息子でドイツ留学から一時帰省したばかりだという。

嚴さんは台南測候所へ連れていってくれた。到着すると三〇ぐらいの女性が待っていた。彼女は現・台南測候所の課長さんで、嚴姉さんのお孫さんだという。課長さんの案内で見学した。台南測候所は台湾の日本時代に建築された五ヶ所の測候所の中で、唯一空襲をまぬがれそのままの形で残り、現在気象博物館となっている。内部は円形の構造になっていて当時の観測器や天気図等が展示されていた。課長さんの親切な応対に感謝しながら車に乗り込んだ。誘われるまま昼食に向かう。車中で嚴姉さんに日本統治時代の日本人はどうだったか率直に聞いてみた。一瞬の間を置いて「私は日本人が今も好きだ。私は台湾第二高女を出た。第一高女は日本人しか入れなかったのでしかたなかったが、日本は台湾の教育制度に力を入れてくれた。」と答えを返し、今も毎年日本に桜を見に行き、近所の娘だったジュディオングの箱根の別荘に寄るのだという。演歌が大好きで森進一の公演を予約している。そんな話をしているうちに、車は町の中心街を出て郊外の片隅の店の前に止まった。「周氏蝦捲」という有名店であった。楽しい美味しい昼食が終わり車に乗ると、安平古堡を通ってあげようといって走り出した。一六二四年にオランダが要塞を築き、後に鄭成功がこれを奪い清への対抗基地とした場所である。城壁に沿ってゆっくりと車は走り延平街に入り古い街並みを走り抜けた。右に安平港をみて台南運河沿いに道を取り市の中心に向かった。

車中の会話で、嚴一族は台南に旧くから居住する内省人の富裕階級の人だと判った。明日の予定を聞かれて、台北に移動して故宮博物館に行くつもりと答えると「あんな所の見学はやめなさい、つまらない場所です、蒋介石が中国から盗んできた物品が陳列してあるに過ぎない」と思いもかけず激しい口調で嚴姉さんに言われた。

現在の台湾人は従来から台湾に居住する人々と、日本引き上げ後に蒋介石と共に大陸から避難移住してきた人とに大きく分かれるという。

前者は内省人、後者は外省人とよばれ、長年政治的に対立している。

一九四五年日本の敗戦後台湾を統治したのは蒋介石が派遣した国民軍の陳儀であったが、その政治は差別と搾取、賄賂の腐敗したものだったので、台湾人は反抗するようになり、一九四七年二月二八日全島民の反乱が起こる。蒋介石軍は海を渡りこれを鎮圧し何万という台湾の知識人を惨殺した。特に台南には知識人が多かったので被害は甚大だった。

台湾人はこの二・二八事件を決して忘れず、この日も台南市内で「二・二八事件を忘れない」という横断幕が散見された。この事件が多大な影響を与えて日本の統治時代の印象を良くしたともいえる。

そんなことを考えていると、車が学校の前で止まった。「元末広少學校で日本人学校だったので、きっとお父さんはここに通学したのでしょう」と教えてくれた。ここで別れることにして車を降りた。すると嚴姉妹は「今夜一緒に食事をしよう。二、三日台南に滞在したらよい。私の屋敷に泊まればよい。台南近郊も含めていろいろ案内してあげる」と熱心に勧めてくれた。しかし予定があるので好意に深く感謝しながらここでお別れをした。

そのあと、茲朗を家長として羊太郎たちが暮らした大正町六丁目一三番地の現在地を調べるべく中西区役所を訪ねた。係員はとても親切で電話をかけ、大きな地図を広げて多分この辺りだと印をつけてこの地図をプレゼントすると渡してくれた。

一〇〇年近い昔の住所を調べる日本人は珍しいのか、フロアーの全員がやり取りを興味深げに見守っているのが感じられた。

見ると台南駅の傍らにある三越百貨店の裏あたりらしい。三越のあたりは繁華街で大勢の人が歩いている。教えられた道筋をたどると三越の裏側に出た。そこはかなりの広さの空き地になっており、家が取り壊されたのか

巖さんご一家と

同じような形の敷地跡が無数に続いていた。煉瓦塀が残っている敷地もある。教えられたのはこのあたりなので日本人の公務員の官舎群等があり多くの日本人が居住していたのであろう。台南駅、市庁、測候所などに近い便利な場所である。

ここで一九二六年（大正一五）茲朗は亡くなり、羊太郎が一八歳で家督を継ぎ一三代目の熊野家の当主となったのである。

二　戦争の世

一九三七年（昭和一二）には中国の盧溝橋で日中両軍の衝突が起こり泥沼化していた中国戦線は全面戦争に突入する。

羊太郎にも九月召集令状がきた。上司に報告すると「わかった。任せてくれ軍に連絡しておく」といわれた。陸軍に入隊すると炊事班にまわされ上官の世話などをさせられた。余得で上級の食にもありつけたし、ビンタを張られることもなく比較的楽な軍隊生活をおくり、翌年五月には除隊になって職場に戻ることができた。気象観測員は、貴重な人材とされ特別扱いとなっていたのである。以後、羊太郎に召集令状が来ることはなかった。

日本が戦時体制にのめり込んでいくなか、台湾はまだ内地に比較して平穏な日々が流れていた。羊太郎は一九三九年（昭和一四）に台北気象局に転勤、台北飛行場（現松山空港）に勤務することになる。

翌一九四〇年、家族に変動が起こる。祖母ミワが八八歳で下埠頭三七一―八の官舎にて死去、生まれ変わりのように次女敬子が日赤病院の産婦人科で誕生する。この頃波多野信治は日赤の事務長になっていた。

羊太郎もテニスや野球などを日本人クラブで楽しんでいた。

一九四一年（昭和一六年）一二月に日本連合艦隊による真珠湾攻撃があり、対米戦争が始まった。次いで日本はシンガポールを攻略、南方諸島も次々と占拠して日本中が勝利に酔っていた。

しかし一九四二年（昭和一七）六月連合艦隊はミッドウェー海戦で空母四隻を失う大敗北を屈し、これを機に戦局は大きく傾き始めた。この敗北の事実は国民に知らされることはなかった。

同年四月、羊太郎は三五歳で澎湖島測候所長に任じられ赴任する。澎湖群島は台湾本島と中国大陸との間に位置し、海上交通の要所として重要視され、オランダ、スペイン、清、日本等の各国の間で常に争奪が繰り返された島であった。春から秋まではきれいな海、穏やかな気候の島であったが冬には猛烈な季節風にみまわれ、高木は育たない土地柄である。軍事的に重要であったので日本も海軍基地を馬公に置いており、測候所も基地と密接な関係があった。この年は比較的平穏な日々が続いた。

翌一九四三年（昭和一八）四月に連合艦隊司令長官山本五十六がラバウル沖で戦死、五月にはアッツ島が玉砕するなど南方諸島から米軍の反抗が始まっていた。同年一〇月、次男維人（筆者）が澎湖病院で生まれる。時代のせいか、兄や姉の誕生時や幼少期の写真が沢山残っているのに比べて維人の写真は一枚もない。

一九四四年（昭和一九）に入ると台湾にも米軍機が飛来するようになり緊迫感が増してきた。そんな時、長男滋人は学童疎開で台北に行くことになり一人で疎開船に乗った。しかし航海中米軍機の攻撃を受け船は島の間を逃げまわりなんとか馬公に引き返した。羊太郎と智恵子はこれ以降「家族は決してバラバラにならない、死ぬなら家族一緒に」と誓った。

六月にはマリアナ沖海戦が行われ日本は空母の大半を失い制海権、制空権を失った。

澎湖島馬公にも頻繁に米軍機が飛来するようになった。その度に測候所敷地内百葉箱の下に掘られた防空壕に避難することが多くなった。

ある日、海軍が突然引き揚げ、澎湖島に軍人たちは一人もいなくなった。澎湖基地を放棄したのだ。この時羊太郎は日本が戦争に負けると確信したという。本庁から澎湖測候所を閉鎖する指示がきた。米軍の空襲が激しくなっており、所員とその家族全員が乗れる船を手配するのは大変だった。なんとか最短航路の台中行きの船を確保し台北まで引き揚げることができた。澎湖測候所はその後間もなく度重なる空襲で焼け落ちてしまった。

★足跡を訪ねて②　澎湖島★

澎湖島は戦後長期間にわたり中華民国と中華人民共和国との間が戦争状態にあり戒厳令下にあった為、金門島とならんで軍事最前線として立ち入り禁止になっていた。李登輝の時代になって台湾全土に敷かれていた戒厳令が解除されたのでやっと一般人も自由に往来出来るようになったので私たちも訪れることが可能になった。

澎湖島には台北松山空港から馬公空港まで双発機に乗って一時間少しで到着した。私たちは前もって日本語が通じるという澎湖長春大飯店を予約して、澎湖病院と測候所を訪ねたいと事前に連絡して置いた。ホテルのフロントにはオーナーの娘さんがいて歓迎してくれた。東京で二年間暮らしたことがあるということで達者な日本語を話した。早速「澎湖病院は隣にある。使われておらず、もうすぐ建て直される、測候所は立派に建て直されて、ここから一〇分程の所にあるので所長の許さんを訪ねなさい。話は通してあります」といってくれたのですぐに行

歷任順位	職別	所長姓名	在職年月日	備註（機關名稱）
第1任	所長	大森虎之助	明治29年（1896）11月1日	台灣總督府澎湖島測候所
第2任	所長	大槻藤太郎	明治30年（1897）11月1日	台灣總督府澎湖島測候所
	技手兼代所長	寺本貞吉	明治31年（1898）11月15日	台灣總督府澎湖島測候所
第3任	所長	石川武九郎	明治34年（1901）4月1日	台灣總督府澎湖島測候所
第4任	所長	大井戶清	明治35年（1902）5月1日	台灣總督府通信局澎湖測候所
第5任	所長	庄司興市郎	明治37年（1904）5月1日	台灣總督府通信局澎湖測候所
第6任	所長	遠藤貞雄	明治38年（1905）5月1日	台灣總督府通信局澎湖測候所
第7任	所長	平田咸	明治43年（1910）5月1日	台灣總督府通信局澎湖測候所
第8任	所長	城順四郎	大正5年（1916）5月1日	台灣總督府遞信局澎湖測候所
第9任	所長	桂川竹吉	大正13年（1924）7月1日	台灣總督府內務局澎湖測候所
第10任	所長	大隅鴻一	昭和2年（1927）8月1日	台灣總督府內務局澎湖測候所
	技手兼代所長	福本敬藏	昭和6年（1931）8月1日	台灣總督府內務局澎湖測候所
	技手兼代所長	管生恒雄	昭和11年（1936）7月1日	台灣總督府內務局澎湖測候所
第11任	所長	藤澤正義	昭和13年（1938）7月1日	台灣總督府氣象局澎湖測候所
第12任	所長	盤井一	昭和14年（1939）7月1日	台灣總督府氣象局澎湖測候所
第13任	所長	橋本敬藏	昭和15年（1940）7月1日	台灣總督府氣象局澎湖測候所
第14任	所長	熊野羊太郎	昭和17年（1942）11月1日	台灣總督府氣象局澎湖測候所

資料來源：（1）日本「國立公文書館國會圖書館」檔案。
（2）《台灣總督府及所屬官署職員錄》。

澎湖測候所の所長名簿

動することにした。

隣には二、三〇坪程の建物があり私が生まれた病院はここかと戸籍謄本に書かれた「馬公街澎湖病院出生」を確認した。

次に教えられた道をたどると芝生の上に百葉箱が立っている。幼い時分から見慣れた風景である。その横に測候所の建物が見えた。建物の中に入ると中年男性がにこやかに現れた。以素の筆談で「私たちの父が一九四三年（昭和一八）にここで所長をしていたと思われる。私は澎湖病院で生まれたので懐かしくて訪ねてきた」と来意をつげた。「貴方たちが訪ねて来るのはホテルから聞いている、私が許です」と言って名刺をくれた。そして会議室に案内してくれ、紙とペンを取り出し父の名前を書けという。「熊野羊太郎」と書くと、許さんは少し待てという素振りをして隣室に姿を消し一冊の本を持ってきてページをめくり、私たちの前に差し出した。それは日本統治時代から現代にいたるまでの所長名簿であった。こんなものがあるのかと驚きながら目を凝らすと、あった。

一四代所長熊野羊太郎一九四二～四四年（昭和一七～一九）まで三年間務めている。日本人所長の最後である。当然のことだが戦後は台湾人名が並んでいる。これを見た瞬間なぜか胸を締め付けられるような感動を覚えた。後で聞くと姉たちも涙がでそうになったという。予想外にこのような場所で父の名が印刷された文書を見ることができたのは望外の幸せであった。はるばる来たかいがあったというものである。

コピーを貰い写真を撮って外に出ると、許さんが敷地内の昔の配置を説明してくれた。

昔の所長官舎は正面入り口の二車線道路を渡った向こう側の小高くなっている

場所にあったという。そこの芝生で遊んだ記憶があると敬子姉が言った。

　ホテルに帰ると相当な年配のホテルのオーナーが車椅子で待っていてくれた。親切にも一九四二年（昭和一七）台北で出版された『澎湖庁要覧』という日本の書物のコピーをプレゼントしてくれ、日本統治時代の馬公の様子を語ってくれた。海軍の基地があって頻繁に駆逐艦が出入りしていたこと、今も海軍の住宅街や馬公郵便局、税関の建物がそのまま残っていることなどいろいろ教えてくれた。

　港に出てみるとコンクリート造りのレトロな郵便局があり、向かいに古い教会が建っている。昔の税関の建物もあった。風情を感じさせた。

　元海軍基地へは海岸沿いの道路を左に海を見、一五九二年に建てられた天宮后を右に見て、清代に造られた城門順承門をくぐって歩いていく。石造りの廃屋が延々と続く一帯に出た。

　そこは映画のセットのような空間がひろがっていた。甲子園球場の半分ほどの広さがあり、道路の右側にコンクリートの軍施設が続き左の少し低くなった平地には一四・五軒の日本家屋が荒れ果てたまま放置されていた。朽ちた畳、壊れた障子や襖、布団や台所用品が散乱している。料亭や散髪屋の看板が日本語で書か

石造りの廃屋が延々と続く澎湖島海軍基地跡

れたまま残っていた。まるでタイムスリップしたような光景である。終戦後七〇年以上経過してこんな場所が残っているのは不思議な感覚であった。

この地は今、台湾の新しい観光地として脚光を浴びているということなので、再開発され、廃墟がなくなるのは時間の問題だろうと思ったが、三年後に再訪した時はかなり整備が進み廃屋は姿を消していた。

三　敗戦と引き揚げ

一九四四年（昭和一九）になると、台湾でも米軍機の攻撃が頻繁に行われるようになり、台湾進攻の噂もかなりの信憑性を持って流れた。だが結果的に台湾は無視され、一気に沖縄侵攻となった。幸運にも台湾住民は悲惨な運命を逃れることができた。

熊野一家は台北に引き揚げたが、官舎が満員だったので、川端町にある智恵子の実家波多野家の離れに住むことになった。川端は台北市の南端に位置し、台北近郊の上品なレジャー地域であり、鮎料理などの料亭が軒を並べていた。屋敷は文字通り川端の一等地にあり、近くには螢橋という優雅な名前の橋とその名の駅があった。

滋人は川端国民学校に転入学できたが、一九四五年（昭和二〇）の四月・新入学のはずの映子は学校に行けなかった。この時期になると教師たちが招集されたり内地に引き上げたりして員数が足りなくなり、低学年の生徒を受け入れることができなかったのである。学校も爆撃されていた。

一家は空襲警報がなると畑の下に作られた防空壕に飛び込んだ。しかし、体が衰えていたミサヲは逃げるのを拒否し、「ここでいいよ」と押し入れに入るのを常としていた。

智恵子の弟・哲夫は七月に戦死した。学徒動員され輸送船で戦地に送られる途中、澎湖島の沖合で敵船に沈められたのである。終戦のわずか一ヶ月前のことであった。智恵子は弟が出征の別れに来た時、中耳炎のため満足に応対できなかったことを一生悔やんでいた。

★足跡を訪ねて③　台北★

台北での足跡探求は母、兄、姉二人が生まれた東門町を訪れることから始めた。まず東門町市場を訪ねて、親切な古老の話を聞くと東門町には多くの日本人が住んでいて市場へ毎日買い物に来ていたとのことであった。そのまま歩いて赤十字医院（現台大医院）へ行く。

医院は赤煉瓦の優美な建物でイオニア式の柱やアーチ型の窓がクラシカルな雰囲気をかもしだし一流ホテルのようであった。波多野の祖父はこの近くに住んで病院に通勤していたのであろう。敬子姉だけは病院で誕生したと聞いているのできっとここで生まれたのだろう。

母が卒業した台湾第二高女は現在台湾議会として使われており見学できなかった。台湾気象台も中に入れなかった。そこで、最後の目的地である川端町に行くことになった。

川端を訪れた日はあいにくの雨天だったのでタクシーに乗り中正大橋（旧川端

橋）の手前で降り、とりあえず昔の川端郵便局を訪れ隣の電気屋で蛍橋への略図を書いてもらい歩いていくと、蛍橋国小（旧川端国民学校）の建物があった。

ここまで来ると姉も何となく記憶があるような気がするという。姉は当時四歳だから当然かもしれない。しかし祖父信治の屋敷は判然としない。幼稚園の前の道を河の方向へ歩いたが河に出ない。大きな堤防があり陸橋があったので上がってみる。橋の上から眺めると眼下に淡水河が流れ左手に中正大橋が河を横断し右手は河原が整備され公園になっていた。眼の下には河に沿って四車線の道路が走っている。橋は道路を渡る歩道橋になっているわけだ。「小川が流れていてその上に蛍橋がかかっていた」という姉の記憶が正しければこの橋が蛍橋になる？等々と話し合っていた。

その時、痩せてすらっとした紳士が傘をさして階段を上ってきた。以素が「ここ蛍橋ですか」と聞くとそうですよという。「この下には昔小川が流れていたのか」と聞くと、筆談の紙に「水路」と書いてくれた。「川端町四五八番地に昔住んでいたのですが、場所はわからないだろうか」と問うと「確かに四五八か」と確かめるようにいう。そうだと答えるとにっこり笑って私たちが上ってきた方向を指差して、今は「詔安街三六巷」だと書いてくれた。指さす先にビルが建っている。

お礼をいうと軽くうなずいて背中を向け静かに橋を下り河の方向に歩き去っていった。

橋を降りて三〇メートル程引き返した角地の隣が三六巷であった。三六巷は一番と二番に分かれ、一番地は空き地二番地には倉庫が建っている。姉の記憶が蘇えり、一と二を合わせた広い土地に日本家屋が建っていて間違いなく昔住んでいた川端の家で玄関がこの辺りにあったという。斜め前にある幼稚園は昔料亭があった場所だと断定した。

雨の中川端の家の場所を発見できずあきらめかけていた時、突然小雨けむる霧の中から現れて明快に蛍橋、川端町四五八、水路を教えてくれた紳士のことが不思議な感じで先祖の亡霊が現れて導いてくれたようだと私がいうと、それは失礼でしょうとみんながいうので精霊ということにした。

※その後古地図を精査したところ、現在の蛍橋は当時のものではない。かつて

「蛍橋」という鉄道駅があり、そばの小川に蛍橋という橋がかかっていた。初夏には小川に蛍が飛び、近くの料亭街の日本人客が橋のうえで蛍狩りを楽しんだのであろう。敗戦と共に駅の乗降客相手に日本人が「物売り」をする橋にかわったのだ。

四　引き揚げ船

サイパンを米軍が奪取すると東京空襲が本格的に始まり、一九四五年（昭和二〇）四月には米軍が沖縄に侵攻、占領。日本の敗戦は目前に迫っていた。八月、広島・長崎に原爆が落とされ、八月一五日ポツダム宣言を日本が受諾してやっと戦争は終わった。

一〇月に蒋介石の国民党軍の先遣隊が現れ台湾を接収した。この時台湾にはまだ軍人一六万六〇〇〇人を含めて四八万八〇〇〇人の日本人がいた。国民党政権は「台湾官兵善後連絡部」を作り、最後の台湾総督・安藤利吉に統括させ、日本人の帰国業務を行わせた。

日本敗戦にもかかわらず台湾の治安は安定していて、戦前とあまり変わらなかった。そのため半数近くの人たちが残留を望んだという。内地の食糧難の情報が流れていたし、日本政府も在外邦人の帰国を望まなかった。しかし国民党軍の質が悪く略奪や暴力事件が頻発するようになると台湾人民の対日感情も不穏になってきた。敬子は暎子と二人で二歳の維人を家の近所でお守りしていた時、風体の悪い中国人たちがやってきたのでさらわれてはいけないと空の防火用水の中に慌てて隠した経験があるという。

このように世間の雰囲気が変わってきたので、在留邦人たちの気持ちも変り帰国を望むようになった。国民党は日本軍人が一〇万強残っているのでまず軍人を帰国させることにした。年明け一九四六年（昭和二一）の二月一日から軍人とその家族を優先して帰国させることになった。

終戦に伴い日本官庁、企業はすべて接収され羊太郎も職を失い収入もなくなった。そのうえ母ミサヲが衰えて寝たきり状態になった。智恵子たちがオシメを近くの小川で洗っていたのを敬子は記憶している。

引き揚げの手続きが開始されると、波多野信治はただちに行動をおこした。どんな手づるを使ったのか、まず軍人引き上げ便に乗る手配を整えた。次にトランクの裏張りに細工して多くの現金を隠して持ち帰る算段をした。三月、軍人の家族と同じ船で、すばやく引き揚げた。

義父が早々と引き揚げたのを見て、羊太郎は「澎湖島の海軍もそうだった。今回の引き揚げでも軍隊が民間人をさしおいて先に帰っていく。俺は官庁の人間だ。帰るのは最後にするからみんなもそのつもりで覚悟してくれ」と家族に言い渡した。

軍への反感もあったが、引き揚げられない事情もあった。この頃ミサヲの病状が進行していた。頭脳はまだ明晰であったが、身体的に移動できない状態になっていたのである。

台湾に渡って三〇年、懸命に働き、羊太郎を育てあげ、羊太郎智恵子夫婦、孫たちにかこまれて暮らす平穏な日々が訪れていた。だが思いもかけない祖国の敗戦、すべてを失って日本に引き上げるという状況で病に倒れた。父母はすでに世を去り。二人の弟、日本に残った妹も先に逝っている。ミサヲは生きる気力をなくした。

「私はもういい。ここにおいて皆は早く日本に帰りなさい」としきりに言うようになった。遂に帰国を促すように一九四六年（昭和二一）三月九日死去した。享年六七歳、波乱の時代を強い意志で生き抜いた人生であった。

葬式を行うことができる状況ではなく焼き場で骨にしてもらうのがやっとだっ

た。羊太郎はどんなに無念だったろうか。とはいえ重荷がなくなった一家は引き揚げへの手はずを整えた。三月後半からは民間人の引き揚げも始まっていた。

引き揚げ前、娘たちは滋人の指揮のもと「蛍橋」で、持って帰れない色々な物を毎日売って現金化したという。二女敬子は蛍橋を「物売り橋」と記憶している。

引き揚げ船は基隆、高雄、花蓮の三港から出ていたが勿論台北の住民は基隆を利用した。昔から台湾の表玄関として栄えた港町である。岸壁に集中営とよばれる倉庫が仮設されていて、引き揚げ者はここに集合して乗船を待つことになる。

持ち帰れるのは手荷物と現金一〇〇〇円までとされた。台湾当局の検閲もあった。羊太郎は子供の滋人、暎子、敬子たちのポケットにもお金を隠し持たせていた。しかし申告している以上の物を持っている人はその場で逮捕されるという情報が伝わり、子供たちはポケットの金を父の命によって海の中に捨てさせられたという。

乗船したのは貨物船の船底だった。大勢の人が乗っていた。食事はバケツに入って配給され、順番に食器にとるので船底に回ってきた時は少量になっていて、腹を満たすには不十分であった。台北を出る時船中で食べなさいと言って台湾の

大竹市の引き揚げ資料より大竹港入港の様子

人が餞別にくれた「采頭粿」というウイロウと餅のあいの子のような食べ物を食べて飢えをしのいだ。

数日かかって、四月九日の早朝広島県の大竹港に着いた。ほぼ三〇年間の台湾での生活が終わり、すべての財産を台湾に残し、無一文で日本に帰還したのだ。台湾生まれの智恵子にとっては初めての日本であった。

しかしこの引き揚げの混乱のなかでも「五通の判物」は大事に包装され無事持ち帰られた。

五　故郷の地

向津具村

引き揚げ者は原籍地に帰還することになっていた。一九一九年（大正八）彰が陶山屋敷を売却して台湾に移住して三〇年、タキが亡くなって一〇年余り、原籍地・向津具村にはなにも足掛かりがなくなっていた。しかし帰るしかない。

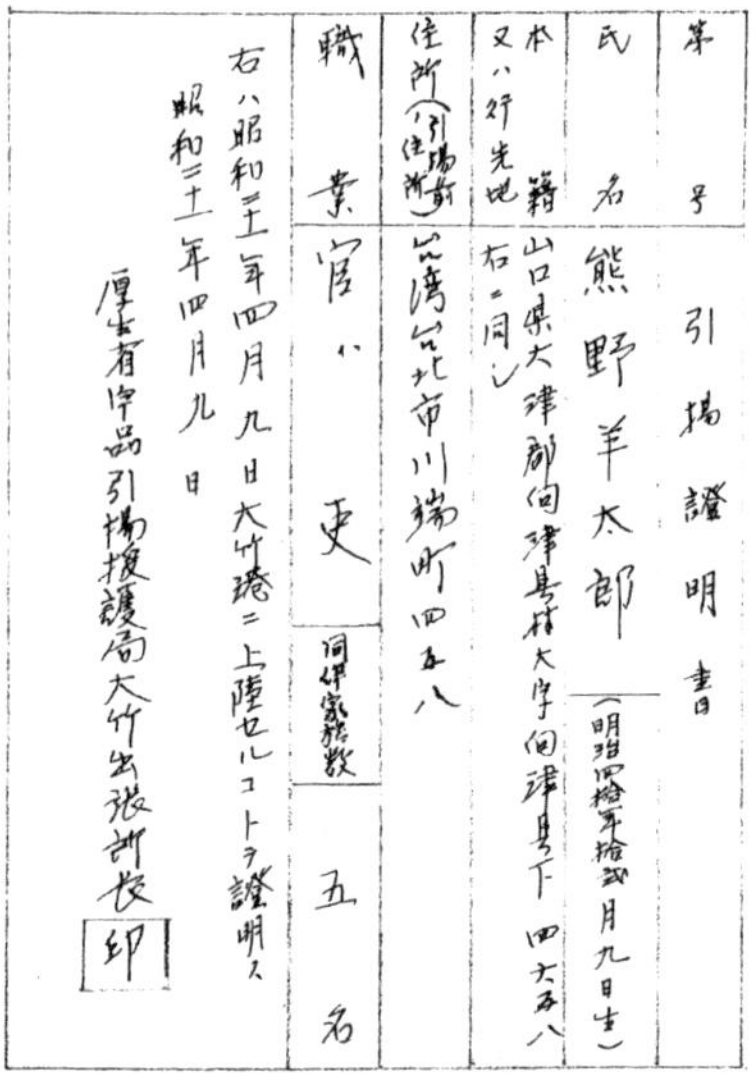

第　号

引揚證明書

氏名	熊野羊太郎（明治四拾年拾弐月九日生）
本籍又ハ行先地	山口県大津郡向津具村大字向津具下四六五八 / 右ニ同じ
住所（引揚前住所）	台湾台北市川端町四五八
職業	官吏
同伴家族数	五名

右ハ昭和二十一年四月九日大竹港ニ上陸セルコトヲ證明ス

昭和二十一年四月九日

厚生省引揚援護局大竹出張所長　印

羊太郎の引揚証明書

戦後の食糧難、ハイパーインフレの困難な時代を生き抜く苦難の一年間が始まった。

引き揚げ者には寮が用意されていたが、寝具等の荷物が到着するまでの数日は祖母ミワの実家八木家に身を寄せた。突然海外から遠い親戚が六人も転がこむ事態に、いい顔はされなかったであろう。智恵子は台湾から持ち帰った砂糖（当時は貴重品）を差し出した。

羊太郎は九日のうちにミサヲの死亡届を役場に提出し、翌日家族そろって菩提寺龍雲寺を訪れ納骨を済ませ、子供らの学校転入学の手続きを行った。暎子は二年生への飛び入学が認められた。

取り壊されず残っていた向津具村の引揚寮

引き揚げ寮は六畳一間に家族六人で入り、炊事場と便所は共有であり、風呂はなく、台湾時代に比べて過酷な住環境であった。

三〇年の空白は長く、世代も変わり、熊野を知る村人はほとんどいなかった。食糧確保もままならず、僅かに持ち帰った智恵子の着物が次々と食べ物に化けていった。

それでも寮は海辺にあったので、子供たちは泳ぎや魚釣りを楽しんだ。秋が終わると冷たい風が吹き付け、滋人と暎子の通学は辛くなった。最初は革靴を履いて登校していたが、いじめられ、村の子と同じ藁草履で通うようになった。しもやけとあかぎれに悩まされるひと冬が過ぎた。

福岡へ

翌一九四七年（昭和二二）の四月から福岡管区気象台への復職が決まった。約一年の引き揚げ者寮での過酷な生活が終わったのである。

福岡に出る途中、川棚温泉に寄り、一年間の垢を落として福岡に出た。町は度重なる空襲で焼け野原となり、官舎もなく、適当な借家もなかった。この時助けてくれたのが貞子の夫・田村氏である。勤務先日本水産の焼け残った社宅が博多の対馬少路にあるのを、期間限定で貸してくれることになり、ここでの生活が始まった。翌一九四八年（昭和二三）四月三男福人が生まれた。

翌一九四九年（昭和二四）には対馬少路の家を出ることになり、移転先は博多湾の対岸の位置にある雁ノ巣飛行場内の旧雁ノ巣観測所だった。飛行場は米軍に接収され入口には米兵の歩哨が立っていたが、飛行場の片隅にあった旧日本軍の観測所は接収されず荒れたまま放置されていた。これが気象台の宿舎に転用されていたのだ。羊太郎は通勤。滋人は通学のため香椎線雁ノ巣駅から福岡まで汽車で通うことになった。

この年は社会的に様々なことがおこった。下山事件、三鷹、松川事件がおこり、ソ連抑留者の引き揚げも始まった。この頃ラジオで「尋ね人」という番組があり、引き揚げ者の消息を尋ねていた。熊野家には五球スーパーラジオがありこれを聞くのが唯一の娯楽であった。

中国では共産党の中華人民共和国ができ蒋介石の中華民国は台湾に逃げだし、これ以降台湾は完全に蒋介石の統治する独裁国家となってしまった。

飛行場外にあった官舎が空いたので一戸建ての家に移ることができた。しかし食糧難は相変わらずで、おやつはふかし芋の連続だった。浜辺で貝を掘ったり、潮が引いたあと廃船の潮溜りにいる小魚を取ったり、収穫の済んだ芋畑でカス芋を拾ったりして、子供たちも食糧確保に協力した。この年は、まだ朝鮮戦争も始まっておらず、米軍ものどかでお菓子を車からばらまいていた。維人も和白小学校に新入学して学校に通った。白砂青松の世界で、目の前は博多湾の内海、少し歩くと玄界灘の外海と変化に富む景色が広がる。懐かしい時代であった。

下関、対馬厳原、防府へ

翌一九五〇年（昭和二五）三月羊太郎は下関測候所の予報課長として転勤になり下関市に移った。一家が雁ノ巣を後にした六月に朝鮮戦争が始まった。伊丹、雁ノ巣飛行場は米軍の出撃基地として繁忙を極めることとなった。

下関測候所は古弁天山頂に一八八三年（明治一六）に開設された歴史ある測候所で、関門海峡を一望できる高台にあった。官舎は二所帯住宅で庭もあった。この地での五年間は終戦後の転々とした生活からやっと解放され、落ち着くことができる時期となった。

朝鮮戦争特需が起こり産業界は活気を取り戻し日本経済は復活の道を歩き始めた。一九五一年（昭和二六）にはサンフランシスコ平和条約が締結され、日本は独立を取り戻した。

測候所と官舎の間に畑地があり智恵子はここで茄子やトマトなどの野菜を作った。また庭で鶏の飼育も始めた。お陰で栄養が採れ、皆が元気になっていった。

ここでの生活は五年間で終わりを迎えた。

一九五六年（昭和三一）羊太郎は長崎県対馬の厳原測候所長として赴任することになった。

長男滋人だけは、山口大学に進学したので山口に残り、家族六人で対馬に渡った。対馬は朝鮮半島との国境の島である。重要拠点地なのか規模も大きく所員も多かった。所長官舎は庭付きの大きな邸宅で電話もついていた。初めてゆったりした住居に住むことができた。台風は何度も襲来し定期便の欠航も多く、長引くと生活物資が店頭から消えることもあった。

国境の町・厳原には、税務署、海上保安庁、民間会社の支店等があり転勤族が多かった。転勤族と家族は『内地の人』といわれて一時的居住者とみなされていた。この頃「喜びも悲しみも幾年月」という映画が評判になり、家族で見に行った。全国を転々として廻る灯台守家族の話であるが、自分たち家族も似たようなものだと感じた。

対馬での生活は三年で終わった。この間に映画の如く家族にはいろいろと変動があった。暎子は高校を卒業十八銀行に就職、敬子と維人は区切りよく高校と中学を卒業、福人も小学生となった。

一九五九年（昭和三四）羊太郎が山口県の防府測候所長に赴任した。五〇を超えた気象マンを最後の赴任地として故郷の山口県に帰してやろうという配慮だったのかもしれない。

防府時代にも家族にいろいろな変化が起こる。

滋人は大学を卒業して大阪の幸福相互銀行就職、維人は防府高校を卒業後大阪市立大学に進学、男子二人が大阪に出てしまう。一九六二年（昭和三七）には敬子が藤野達朗氏と結婚し家を出て、官舎で暮らすのは四人になってしまった。一九六四年（昭和三九）には藤野夫婦に玲子が生まれた。羊太郎夫婦は初孫に恵まれた。ところが同年、突然羊太郎が心筋梗塞で倒れて入院、経過は順調といわれたが、退院直前に容態が急変して五七歳で急逝してしまった。

羊太郎は幼少時代に台湾に渡り、叔父を父親代わりとして母と共に台湾生活を送り、茲朗亡き後、熊野家を継ぎ、家父長として家を支えてきた。始祖親信から数えて一三代目の羊太郎の死は、熊野家の家制度の終了でもあった。

気象レーダー等のない時代、気象観測にほぼ四〇年を捧げた一生であった。勤務の傍ら俳句にしたしみ、一峰子の俳号を持っていた。
「去年今年なく測候の気象人」　朝日新聞の俳句欄に載った一句である。

羊太郎亡き後、残された智恵子たち三人は堺市に家を買い大阪に出た。下宿していた維人もここに合流、四人での生活が始まった。ところが維人が大学を卒業就職した一九六六年（昭和四一）暎子が突然勤務先で倒れ、救急車で阪大病院に搬送されたが亡くなった。死因は父と同じ心筋梗塞と診断された。二七歳の短い生涯であった。

羊太郎の死からわずか三年。夫に続いて娘も失くし大きなショックを受けた智恵子であるが、芯の強さを発揮して黙って耐えた。ふと気になったのが五通の古文書のことだった。嫁入り後、義母や夫から大事な家宝と聞かされていた。度重なる転勤や引き揚げの混乱の中でも夫がこの文書をまず荷造りするのを見てきた。このまま死蔵して置けばやがて散逸してしまうのではないか。それは夫の意志に反することになってしまう。然るべき所に寄贈すべきではないかと智恵子は考えた。子供たちに相談すると、みんな賛成した。

一九七〇年（昭和四五）、大阪市の天王寺博物館に福人を同伴して寄贈を申し出た。全文書を鑑定して本物と認めた博物館は喜んで寄贈を受け付けた。その時、熊野氏について調査してみると約束してくれたが残念ながらその調査では詳しいことはわからなかった。寄贈先としてふさわしかったのは萩藩の資料を集めた山口文書館だったのかとも思ったが、文書は立派に装幀されて現在の大阪歴史博物館に大切に保存されている。

五通の古文書が熊野家から離れ、完全に熊野の家制度は終わったのだろう。

最後にその後の羊太郎一家の運命を簡単に記しておくことにする。

滋人は銀行の先輩の妹・浜田恭仁子と結婚、尊文、陽介の二児を設け、福人と生活を共にする母の近所に住居を構えた。尊文は成人となって父親と同じ銀行員となり、新宅千恵子と結婚三人の娘をもうけた。熊野には先祖と同じ経済官僚の血が流れているのかもしれない。

母・智恵子は一九九三年（平成五）八三歳で死去した。外出中に骨折し入院したが、病院の対応が悪く廃用性症候群により歩行困難となった。一年間の車いす生活を余儀なくされた末の死であった。

翌一九九四年（平成六）長男滋人が母を追うようにゴルフ場で倒れ五八歳で死去した。「滋人は戦後の苦しい時を共にした戦友だ」といっていた母が連れて行ったのかも知れない。死因はやはり心臓病であった。定年後のゴルフと囲碁三昧の生活を楽しみにしていたので無念であったろう。

藤野達朗と結婚した敬子は、玲子晶子と二人の娘をもうけた。

福人は妻帯せず独身を通したが、七〇歳で脳梗塞となり母親と同じように車椅子生活となり、七五歳の誕生日を迎えた直後入院先の病院でコロナの院内感染のため死去した。

維人は大学卒業後、日本ビクターに勤め、大阪府立高校の社会科の教師をしている上野以素と結婚して、小学校の教師となった厚博、ＮＨＫのドラマプロデューサーとなった律時と二人の男子に恵まれた。退職後、難病と闘いながら隠居生活を送っている。

以素は退職後豊中市会議員を二期務めた。その一方で叔父の鳥巣太郎について10年にわたり研究した「九州大学生体解剖事件七〇年目の真実」を２０１５年岩波書店から出版、五刷を重ね、生体解剖事件に関する書物としてナンバー1の評価を得た。また、それを原作として、次男律時が二〇二一年（令和三）NHKの終戦ドラマとして映像化し、文化庁芸術祭優秀賞を受けた。「しかたがないと言うてはいかんのです」というのがドラマの題名である。

熊野家の物語はこれで終わりとする。

熊野家は戦国時代の国人からはじまり、時代の波をある時は乗り越え、ある時は翻弄され、それでも生き残った中流階級の典型と言えるだろう。

まさに「五〇〇年の中流」である。

参考資料

島根県史第一巻古代中世、第八巻尼子毛利時代
大日本史料（第7編8、9、10）
八雲村村誌
陰徳太平記
雲陽軍実記河本静楽軒著　毛利家文書
吉川家文書
毛利家藩中略譜のうち熊野家二家の家譜および伝書
ふるさと八雲意宇川物語「尼子氏を守った熊野城」
萩藩主要役職者年表（河村一郎）　萩市立萩図書館発行
油谷町史（油谷町史編纂委員会）油谷町発行
油谷のささやき第18号
台湾史小辞典（遠流台湾館）中国書店

熊野家系図

初　代	**親信**（1624年　60歳没） 権次郎、勝左衛門、八郎、土佐守、藤右衛門、如慶、道秀
二代目	**信光**（1652年　81歳没） 権次郎、市兵衛、藤右衛門
三代目	**信之**（1688年　73歳没） 権次郎、金松、孫七、次郎左衛門 弟・貞信（熊野貞儀家を継ぐ）千松、太右エ門、傳右衛門、市郎右衛門
四代目	**英信**（1737年　72歳没） 多門、傳兵衛、二郎左衛門、八郎
五代目	**光信**（1753年　56歳没） 多門、七郎兵衛、二郎左衛門、光之
六代目	**常之**（1776年没） 宗信、二郎左衛門　※栗屋太郎左衛門の次男
七代目	**信安**（1795年没） 喜代進、八郎次
八代目	**信也**（1813年没） 六郎　※上領清右衛門の三男
九代目	**信賀**（1826年没） 治郎左衛門　※積山八右衛門の三男
十代目	**庫太**（1881年　56歳没） 政之進　※陶山半左衛門の三男
十一代目	**彰**（1922年　64歳没） 次郎四郎
十二代目	**慈朗**（1926年　46歳没）
十三代目	**羊太郎**（1964年　57歳没） ※慈朗の姉ミサヲの長男

あとがき

まとめ終わってみるとよくここまで調べることができたなと思う。

元来、「家」のことなど何の関心もなかった。背中を押してくれたのは妻・以素である。彼女は我が家の五通の古文書がはるばる台湾にまで渡り、引き上げの混乱時にも大事に持ち帰られたとの私の話に興味を持った。

「出雲国人が毛利の家臣となりそれ以後どう生き抜いてきたのかを調べてみるのはおもしろい。私も協力するのでぜひ調べなさい」といってくれたのである。

国の難病と診断されそう長くは生きられないといわれて、覚悟をきめて日々を送っていた私は幸いにも体調も良くなり、元来歴史好きでもあったので趣味として先祖の足跡を追ってみることにした。

熊野城を訪ねることからスタートして、山口文書館を初めとして各地の図書館を何度も訪ねた。

いつのまにか老後生活の一部となり約二〇年間資料調べと現地調査を続けた。

彰の税務署の記録、台湾総督府の記録などは以素がネットで発見して予想外の公的記録で裏がとれた。

親信から始まったこの家は、今でいう中間層として平凡に五〇〇年を生きぬいてきたのであり、それが古文書と公的記録で裏打ちされるのは珍しいのではないかと思う。一つの記録として次の世代に残しておくのも価値があると考えた。

読み直していると「幾時代がありまして茶色い戦争がありました」という同じ山口出身の詩人中原中也の詞を思い出した。今ロシアのウクライナ侵略が始まり、台湾有事の議論が起こり、日本は軍事力増強を図り、戦争をする国になろうとしている。また熊野家が体験した歴史は繰り返されるのだろうか。

調査の過程で多くの人のお世話になりました。

特に向津具在住の郷土史家・内藤繁行氏には数々のアドバイスを受け資料も提供して頂きました。古文書の解読は元大阪市立大学文学部非常勤講師塩卓梧氏のお世話になりました。お二人には感謝の言葉もありません。

著者

熊野　維人（くまの　まさと）

1943年生まれ。1966年、大阪市立大学文学部社会学科卒業。
日本ビクター㈱に勤務。退職後、以素の市民運動・議員活動に携わる。

熊野　以素（くまの　いそ）

1944年生まれ。1969年、大阪市立大学法学部法学科卒業。大阪府立高校社会科教諭を務めたのち、2004年大阪市立大学大学院修士課程修了。専門は社会保障法学、とくに介護保険制度。社会保障法学会会員。2011年から2019年まで豊中市議会議員。著書に『介護保険徹底活用術』（2007年、かんぽう）『九州大学生体解剖事件 七〇年目の真実』（2015年、岩波書店）『"奇天烈"議会奮闘記――市民派女性市議の8年間』（2020年、東銀座出版社）
「九条の会・豊中いちばん星」呼びかけ人。

カバー表紙デザイン／NON design　小島トシノブ

五〇〇年の中流
公文書でたどる出雲国人熊野氏の流転

2024年1月15日　初版第1刷発行

著　者　熊野維人
　　　　熊野以素
発行者　面屋洋
発行所　清風堂書店
〒530-0057 大阪市北区曽根崎2－11－16
TEL 06（6313）1390
FAX 06（6314）1600
振替00920－6－119910

製作編集担当・西野優子

印刷・製本／オフィス泰

ISBN978-4-86709-032-9 C0021